A Series of Books
Issued by Taxpayer Club

纳税人俱乐部丛书

丛书主编：李永延

并购重组
财税规划实务

陈萍生◎编著

云南大学出版社
YUNNAN UNIVERSITY PRESS

图书在版编目（CIP）数据

并购重组税务规划实务 / 陈萍生编著. -- 昆明：
云南大学出版社，2021
（纳税人俱乐部丛书 / 李永延主编）
ISBN 978-7-5482-4310-6

Ⅰ．①并… Ⅱ.①陈… Ⅲ.①企业合并－税收管理－
中国 Ⅳ.①F812.423

中国版本图书馆CIP数据核字（2021）第111085号

策划编辑：赵红梅
责任编辑：周 飞
装帧设计：刘 雨

并购重组
财税规划实务

BINGGOU CHONGZU
CAISHUI GUIHUA SHIWU

陈萍生◎编著

出版发行：云南大学出版社
印　装：昆明精妙印务有限公司
开　本：787mm×1092mm　1/16
印　张：17
字　数：215千
版　次：2021年6月第1版
印　次：2021年6月第1次印刷
书　号：ISBN 978-7-5482-4310-6
定　价：56.00元

社　址：云南省昆明市一二一大街182号（云南大学东陆校区英华园内）
邮　编：650091
电　话：（0871）65033244　65031071
网　址：http://www.ynup.com
E-mail：market@ynup.com

若发现本书有印装质量问题，请与印厂联系调换，联系电话：0871-67122763。

总　序

2020年底，我在云南玉溪和普洱、海南海口、江苏南京和常州5个城市先后开了5场有企业总经理、财务总监参加的座谈会，以了解企业的经营情况。在会上听到的情况归纳起来为两种"不匹配"：一是企业经营与市场需求不匹配，二是企业经营与资金不匹配。这两种不匹配同时带来了两个"焦虑"：一是生存焦虑（包括企业和财务总监个人），二是大数据人工智能转型焦虑。两种不匹配和两个焦虑体现在财务上属于业财融合问题。为此，我建议我们北京财税研究院的陈雪飞副院长组织专家编辑出版业财融合方面的培训教材，以帮助财务人员提升业财融合的水平和能力。经过数月的努力，首批编辑出版了《生存核心资源与战略成本控制》《并购重组财税规划实务》《税务监测算法解密与智能化纳税管理》3本书，先听听读者的意见和建议。如大家觉得好，继续往下编辑出版。

3本书各有侧重，《生存核心资源与战略成本控制》以核心资源利用和配置，解决扼住企业发展咽喉的成本问题；《并购重组财税规划实务》在当前并购重组井喷时期，有效帮助投资者、企业在企业并购重组过程中解决财税处理方面存在的财务和税收规划业务问题；《税务监测算法解密与智能化纳税管理》是当下税务机关利用数字征管稽查需要快速掌握的应对技巧和自查方法，同时也有助于企业提升智能化税务管理能力。我们衷心希望这3本书能够帮助税务机关、投资者、企业财务人员等开展工作。

今天是个自我颠覆、范式跃飞的新时代。传统上让企业强大的资产、专业技能、大规模的劳动力、品牌传承等元素，在某种程度上已成了企业的负担。依据自身资源，创造出满足消费者需求的独特产品和商业模式，才能使每个企业获得发展。作为企业数字管理中枢的财务管理部门，也因此正在经历一场大的发展变革。财务如何配合业务成为企业竞争的核心关键，作为以财税实务为研究核心的北京财税研究院，有义不容辞的责任，我们希望能够编出更多受财务工作者欢迎的书籍。

李永延

2021年5月24日

前　言

　　企业除日常的生产经营活动以外，因适应市场发展变化的需要，必然会发生一些法律结构或经济结构的重大调整，这些调整会涉及投资者股权和企业资产的转移处置，我们称这些业务为并购重组。企业重组与一般的日常经营活动的财税处理有显著的不同，不仅业务复杂，还涉及大额的税收，以及较多税收优惠政策，相应的也就存在较大的税收规划空间。投资者和企业选择不同的重组方式，相关的税收及税收规划对企业改制重组进程的影响是明显不同的。

　　为解决投资者、企业以及相关财税人员在企业并购重组财税处理方面存在的实务处理、税收规划等业务难题，本书将投资者的股权和企业的资产财税处理作为主线，围绕并购重组的主要方式，结合大量的实际重组案例和举例，系统、详细、准确、全面地介绍投资者股权的处置、企业资产处置、企业和个人非货币性资产投资、企业债务重组、企业资产划转、整体资产收购、企业股权收购、企业合并、企业注销、企业分立等并购重组实务的财税处理、税收规划业务，并针对现实中专业财税人员对此业务的分歧观点，进行梳理分析和深入细致的研究，助力投资者和企业在并购重组中洞悉全局，迅速找到解决问题的税收规划捷径，同时也能帮助财税专业人士解决实际业务中的疑难问题。

　　本书有以下主要特点：一是全面完整收集相关税收政策。收集了企业重组相关的增值税、企业所得税、个人所得税、土地增值税、契税、印花税等主要税种的政策文件，其中还包括企业投资者股权、个人投资者股权的相关税收政策，不但包括实体法，还包括征管方面的程序法规，可以作为财税人员的税收政策资料索引储备。二是全面分析企业并购重组涉及的疑难问题。特别是针对企业所得税一般性税务处理和特殊性税务处理中专业人士的不同看法，结合国家税务总局的权威意见，进行深入的探讨，让读者找到正确的答案。三是全面落脚于税收规划，帮助投资者和企业找到解决税收问题的方案。本书对每一个重组方式涉及的每一个税种，都有提出税收规划的路径和思路，既有现实中行之有效的方案，也有新问题的新方案新思路，同时也有谨慎的风险提示。

目　录

第一章

资产和股权的
税收关系

第一节　资产和股权的概念

　　企业的资产结构和企业的股权结构决定企业存在的方式，资产结构和股权结构基本就决定了企业的法律形式和经济性质，如从是否具备法人资格方面区分，可分为法人性质的公司和其他经济组织、非法人性质的个人独资企业、合伙企业；从企业股东方面划分，可分为内资企业、外资企业、国有企业、集体企业、一人公司等。因而，企业资产结构或股权结构的重大改变，一般称之为企业改制或重组。

　　为适应市场经济发展变化的需要，企业除正常的生产经营活动以外，也会发生法律结构或经济结构的重大调整，这些调整会涉及企业资产、股东股权等重要资产的转移处理，它们与企业一般的日常经营活动中资产销售的税收处理有明显的不同，其中还涉及较多的税收优惠政策，而且不同重组方式的税收处理与选择，对企业改制重组和企业利益的影响是有明显不同的。

一、企业的资产

《企业会计准则——基本准则》就资产的概念进行了相关表述，资产是指企业过去的交易或者事项形成的、由企业拥有或者控制的、预期会给企业带来经济利益的资源。企业过去的交易或者事项包括购买、生产、建造行为或其他交易或者事项，预期在未来发生的交易或者事项不形成资产。由企业拥有或者控制，是指企业享有某项资源的所有权，或者虽然不享有某项资源的所有权，但该资源能被企业所控制，预期会给企业带来经济利益，是指直接或者间接导致现金和现金等价物流入企业的潜力。

符合资产定义的资源，在同时满足以下条件时，确认为资产：一是与该资源有关的经济利益很可能流入企业；二是该资源的成本或者价值能够可靠地计量。

符合资产定义和资产确认条件的项目，应当列入资产负债表；符合资产定义、但不符合资产确认条件的项目，不应当列入资产负债表。会计上主要对资产的概念进行了表述，只要符合资产概念的均视为企业资产，企业的资产权属在法律上属于企业。

二、股东的股权

股权是资产之一。股权又称为股东权，有广义和狭义之分。广义的股权，泛指股东得以向公司主张的各种权利。狭义的股权，则仅指股东基于股东资格而享有的、从公司获得经济利益并参与公司经营管理的权利。从这个意义上讲，所谓股权，是指股东因出资而取得的、依法定或者公司章程的规定和程序参与事务并在公司中享受财产利益的、具有可转让性的权利。

股权是指股份制企业投资者的法律所有权，以及由此而产生的投资者对企业拥有的各项权利。从经济学角度看，股权是产权的一部分，即财产的所有权。从会计学角度看，产权和股权二者的本质是相同的，都体现财产的所有权。但从量的角度看可能不同，产权指所有者的权益，股权则指资本金或实收资本。

一般而言，投资者根据股份公司组织形式，认缴股份的种类、数额和对公司所负的有限、无限责任而享有一定的股权，诸如经营管理权、监督权、表决权、红利分配权等决策权，主要是通过购买股份和资本的"参与"，掌握股份公司一定数额的股份，以控制操纵其经营业务的决策权限。企业或个人可以用一定的资金投资或收购持有一个股份公司的主要股份，以它作为"母公司"，然后以"母公司"为核心，再以一定的控制额去收购并掌握其他股份公司的股份，使之成为"子公司"，继之，再由"子公司"通过持有其他公司一定控制额的股份，使其成为"孙公司"，从而形成层层控制体系，日益扩大股权势力。

按照企业股权持有者对企业的影响程度，一般可以将企业的股东分为控制性股东、重大影响性股东和非重大影响性股东三类。控制性股东有权决定一个企业的财务和经营政策；重大影响性股东则对一个企业的财务和经营政策有参与决策的权力，但并不决定这些政策；非重大影响性股东则对被持股企业的财务和经营政策几乎没有什么影响。

企业会计上对股权的核算主要是通过长期股权投资、金融工具确认和计量等方面进行确认和计量。

如果将企业与股东区分开来说的话，企业的资产和企业的股权属于不同的所有者，企业的资产属于企业，企业的股东拥有对企业的股权，股权属于股东。企业本身也可以通过投资成为另一个企业的股东，拥有另一个企业的股权资产。

第二节 资产和股权的税收意义

一、企业所得税

企业资产和股权在企业所得税方面的税收意义主要体现在两个方面：

一是资产转让或使用实现收入时，需要缴纳企业所得税。《中华人民共和国企业所得税法》第五条规定，企业每一纳税年度的收入总额，减除不征税收入、免税收入、各项扣除以及允许弥补的以前年度亏损后的余额，为应纳税所得额。

企业以货币形式和非货币形式从各种来源取得的收入，为收入总额。包括：（1）销售货物收入；（2）提供劳务收入；（3）转让财产收入；（4）股息、红利等权益性投资收益；（5）利息收入；（6）租金收入；（7）特许权使用费收入；（8）接受捐赠收入；（9）其他收入。其中第（3）项收入包含股权的转让收入。

二是计算资产和股权的收入纳税时，资产包括股权的成本可以扣除，这个成本是指税收成本，也叫计税成本或计税基础。资产转让的税收收入扣除税收成本后，为资产转让所得或损失。《中华人民共和国企业所得税法》第十一条至第十六条规定，在计算应纳税所得额时，企业转让资产，该项资产的净值，准予在计算应纳税所得额时扣除。企业对外投资期间，投资资产的成本在计算应纳税所得额时不得扣除。有些资产在使用过程中，可以通过折旧或摊销的方式扣除，如企业按照规定计算的固定资产折旧，准予扣除。在计算应纳税所得额时，企业按照规定计算的无形资产摊销费用，准予扣除。在计算应纳税所得额时，企业发生的长期待摊费用，按照规定摊销的，准予扣除。

（一）资产的企业所得税特性

税收资产主要包括六大项，以实际发生的历史成本为税收成本。《中华人民共和国企业所得税法实施条例》第五十六条规定，企业的各项资产，包括固定资产、生物资产、无形资产、长期待摊费用、投资资产、存货等，以历史成本为计税基础。以上所称历史成本，是指企业取得该项资产时实际发生的支出。企业持有各项资产期间资产增值或者减值，除国务院财政、税务主管部门规定可以确认损益的外，不得调整该资产的计税基础。

会计上资产的计价方式有历史成本、公允价值、可变现价值、现值、评估价值、重置成本等，但税收上对于资产的计税成本只有一个，即历史成本。这个成本确定下来后，是不允许随意调整的，如不能因为企业以各种原因对资产进行评估后按评估价值调整计税成本，除非该项资产增值或减值在税收上得到确认，也就是说，资产增值已经纳税，或资产减值按税收政策规定可以作为资产损失在企业所得税税前扣除，确认损益后才可以调整计税成本。

资产的计税成本确定后，有两个重要意义：一是按该项资产的计税成本折旧或摊销的金额可以税前扣除；二是按该项资产的计税成本减除折旧摊销金额后（不允许折旧摊销的资产除外）的净值，可以在资产实现收入时作为抵减项目税前扣除。

企业所得税法及其实施条例就企业的固定资产、生产性生物资产、无形资产、长期待摊费用、投资资产、存货等六大资产的范围、计税成本的确定进行了明确规定，主要内容如下：

1. 固定资产

固定资产是指企业为生产产品、提供劳务、出租或者经营管理而持有的、使用时间超过12个月的非货币性资产，包括房屋、建筑物、机器、机械、运输工具以及其他与生产经营活动有关的设备、器具、工具等。

固定资产按照以下方法确定计税基础：（1）外购的固定资产，以购买价款和支付的相关税费以及直接归属于使该资产达到预定用途发生的其他支出为计税基础；（2）自行建造的固定资产，以竣工结算前发生的支出为计税基础；（3）融资租入的固定资产，以租赁合同约定的付款总额和承租人在签订租赁合同过程中发生的相关费用为计税基础，租赁合同未约定付款总额的，以该资产的公允价值和承租人在签订租赁合同过程中发生的相关费用为计税基础；（4）盘盈的固定资产，以同类固定资产的重置完全价值为计税基础；（5）通过捐赠、投资、非货币性资产交换、债务重组等方式取得的固定资产，以该资产的公允价值和支付的相关税费为计税基础；（6）改建的固定资产，除企业所得税法第十三条第（1）项和第（2）项规定的支出外，以改建过程中发生的改建支出增加计税基础。

2. 生产性生物资产

生产性生物资产，是指企业为生产农产品、提供劳务或者出租等而持有的生物资产，包括经济林、薪炭林、产畜和役畜等。

生产性生物资产按照以下方法确定计税基础：（1）外购的生产性生物资产，以购买价款和支付的相关税费为计税基础；（2）通过捐赠、投资、非货币性资产交换、债务重组等方式取得的生产性生物资产，以该资产的公允价值和支付的相关税费为计税基础。

3. 无形资产

无形资产，是指企业为生产产品、提供劳务、出租或者经营管理而持有的、没有实物形态的非货币性长期资产，包括专利权、商标权、著作权、土地使用权、非专利技术、商誉等。

无形资产按照以下方法确定计税基础：（1）外购的无形资产，以购买价款和支付的相关税费以及直接归属于使该资产达到预定用途发生的其他支出为计税基础；（2）自行开发的无形资产，以开发过程中该资产符合资本化条件后至达到预定用途前发生的支出为计税基础；（3）通过捐赠、投资、非货币性资产交换、债务重组等方式取得的无形资产，以该资产的公允价值和支付的相关税费为计税基础。

需要强调说明的是，商誉是企业合并中产生的一项支出，企业合并中支付的对价超过被合并企业净资产公允价值的部分为商誉。按照企业所得税法律法规规定，外购商誉的支出，平时不能摊销税前扣除，只能在企业整体转让或者清算时，准予扣除。

4. 长期待摊费用

长期待摊费用，是指企业已经支出，摊销期限在1年以上（不含1年）的各项费用。包括固定资产修理支出、租入固定资产的改良支出以及摊销期限在1年以上的其他待摊费用。

税法规定，企业发生的下列四项支出作为长期待摊费用，按照规定摊销的，准予扣除：（1）已足额提取折旧的固定资产的改建支出；（2）租入固定资产的改建支出；（3）固定资产的大修理支出；（4）其他应当作为长期待摊费用的支出。

固定资产的改建支出，是指改变房屋或者建筑物结构、延长使用年限等发生的支出。固定资产的大修理支出，是指同时符合下列条件的支出：（1）修理支出达到取得固定资产时的计税基础50%以上；（2）修理后固定资产的使用年限延长2年以上。

5. 投资资产

投资资产，是指企业对外进行权益性投资和债权性投资形成的资产。企业在转让或者处置投资资产时，投资资产的成本，准予扣除。

投资资产按照以下方法确定成本：（1）通过支付现金方式取

得的投资资产，以购买价款为成本；（2）通过支付现金以外的方式取得的投资资产，以该资产的公允价值和支付的相关税费为成本。

投资资产不可以折旧或摊销，也不得计提资产减值损失，但允许在处置转让时扣除其历史成本。它通过一次性扣除的方式在税前扣除。

6. 存货

存货，是指企业持有以备出售的产品或者商品、处在生产过程中的在产品中、在生产或者提供劳务过程中耗用的材料和物料等。

存货按照以下方法确定成本：（1）通过支付现金方式取得的存货，以购买价款和支付的相关税费为成本；（2）通过支付现金以外的方式取得的存货，以该存货的公允价值和支付的相关税费为成本；（3）生产性生物资产收获的农产品，以产出或者采收过程中发生的材料费、人工费和分摊的间接费用等必要支出为成本。

我们注意到，税收上对资产的计税基础确定为适用历史成本原则。按历史成本确定资产计税基础时，虽然有时也是按资产的公允价值以及相关税费为计税基础，但此时的公允价值实际就是取得资产的实际支出，符合历史成本原则。

如《财政部、国家税务总局关于中国对外贸易运输（集团）总公司资产评估增值有关企业所得税问题的通知》（财税〔2009〕56号）规定，对中外运集团实施集团资源整合中第一批改制企业资产评估增值30 679.78万元的部分，在资产转让发生时，按照规定在集团总部所在地缴纳企业所得税。中国对外股份有限公司及其子公司收购中外运集团第一批改制企业的资产，可按评估后的价值计提折旧或摊销，并在企业所得税前扣除。据此政策分析，中外运集团资产增值在上一个转让销售环节已经按公允价值与计税成本之差征税，下一个环节接受资产就应该按公允价值作为计税基础，同时也体现了资产增值不重复征税的原则。

　　资产的计税基础并不是固定不变的，但也不是可以随意变更的，因为计税基础的变化一定会引起税收所得额的变化，所以，税法明确规定一般不得调整资产的计税基础，除非税收上得到实现（如增值部分已经确认所得、减值确认损失扣除），或税法有特别规定。如《国家税务总局关于中国建设银行股份有限公司股份制改革资产评估增值有关企业所得税问题的通知》规定，对中国建设银行股份有限公司在股份制改革过程中，发生的直接增加其国有资本金的资产评估增值1 422 012.84万元，不征收企业所得税。允许中国建设银行股份有限公司按资产评估增值后的资产价值调整相关资产的计税成本，并按调整后的计税成本计算扣除折旧或进行费用摊销。这个文件考虑到资产增值转为国家投资，没有征税的必要，就属于税法的特殊规定。

　　《企业所得税法实施条例》第七十五条规定，除国务院财政、税务主管部门另有规定外，企业在重组过程中，应当在交易发生时确认有关资产的转让所得或者损失，相关资产应当按照交易价格重新确定计税基础。

　　上述规定，就是考虑资产处置时发生的增值或减值在税收上已得以实现，需要调整计税基础。换言之，企业在重组过程中，还有些特殊处理规定，如资产投资、资产划转、资产收购、企业合并、企业分立等重组发生的资产转让转移行为，符合一定条件的，可以选择递延纳税或特殊性税务处理。

　　（二）股权的企业所得税特性

　　股权虽然是资产的范围，但与企业其他资产相比，由于其所有权属于企业的股东（企业自持的股权也是股东），与被投资企业的资产是分离的，不属于同一个纳税主体，因此，它具有一定的特殊性。

税收上将投资资产分为两大类，即企业对外进行权益性投资和债权性投资形成的资产。权益性投资，是指以购买被投资单位股票、股份、股权等类似形式进行的投资，投资企业拥有被投资单位的产权，是被投资单位的所有者之一，投资企业有权参与被投资单位的经营管理和利润分配。债权性投资，主要是指企业购买其他企业的债权、债券性质的投资，投资企业与被投资企业形成了一种债权债务关系，双方以契约的形式规定了还本付息的期限和金额，投资企业对被投资企业只有投资本金和利息的索偿权，而没有参与被投资企业的经营管理权和利润分配权。显然，股权资产为权益性投资资产。

1. 股权处置收益

股权处置所得是指投资者在转让销售权益性股权资产时实现的所得或损失，这部分所得要按规定缴纳企业所得税或个人所得税。

（1）居民企业股东转让股权所得缴纳企业所得税。根据现行企业所得税政策规定，企业股权销售转让或以其他方式转移时，股权转让收入超过股权计税成本的部分应确认为资产转让所得，计入当期应纳税所得额；转让收入低于其计税成本的，确认为资产损失，可以按税法规定在税前扣除，抵减当期应纳税所得额。《中华人民共和国企业所得税法实施条例》第七十一条规定，企业投资资产，是指企业对外进行权益性投资和债权性投资形成的资产。企业在转让或者处置投资资产时，投资资产的成本，准予扣除。

《国家税务总局关于企业股权投资损失所得税处理问题的公告》（国家税务总局公告2010年第6号）规定，企业对外进行权益性（以下简称"股权"）投资所发生的损失，在经确认的损失发生年度，作为企业损失在计算企业应纳税所得额时一次性扣除。

《国家税务总局关于贯彻落实企业所得税法若干税收问题的通

知》（国税函〔2010〕79号）规定，关于股权转让所得确认和计算问题，企业转让股权收入，应于转让协议生效且完成股权变更手续时，确认收入的实现。转让股权收入扣除为取得该股权所发生的成本后，为股权转让所得。企业在计算股权转让所得时，不得扣除被投资企业未分配利润等股东留存收益中按该项股权所可能分配的金额。

投资企业直接转让股权计算转让所得时只能扣除投资成本，不得扣除应该分配的税后留存，相当于税后留存由免税收入转化为应税收入。但投资企业撤回或减少投资时，可以扣除相应的税后留存部分。《国家税务总局关于企业所得税若干问题的公告》（国家税务总局2011年第34号公告）规定，投资企业从被投资企业撤回或减少投资，其取得的资产中，相当于初始出资的部分，应确认为投资收回；相当于被投资企业累计未分配利润和累计盈余公积按减少实收资本比例计算的部分，应确认为股息所得；其余部分确认为投资资产转让所得。当然，被投资企业发生的经营亏损，由被投资企业按规定结转弥补，投资企业不得调整减低其投资成本，也不得将其确认为投资损失。

企业转让股权除上述规定外，还有些特殊处理规定，如股权投资、股权划转、股权收购、企业合并、企业分立等重组发生的股权转让转移行为，符合一定条件的，可以选择递延纳税或特殊性税务处理，暂不纳税。

（2）非居民企业转让居民企业股权所得缴纳企业所得税。根据我国现行企业所得税法及其实施条例和相关纳税政策规定，非居民企业投资者投资境内居民企业的，发生转让境内居民企业股权实现的所得，一般应在我国缴纳10%的企业所得税，若双边签订避免重复征税《协定》（或《安排》）中有优惠或不征税的，按《协定》执行。

《中华人民共和国企业所得税法实施条例》第九十一条规定，非居民企业取得企业所得税法第三条第三款（注：非居民企业在中国境内未设立机构、场所的，或者虽设立机构、场所但取得的所得与其所设机构、场所没有实际联系的，应当就其来源于中国境内的所得缴纳企业所得税。）规定的所得，减按10%的税率征收企业所得税。

《中华人民共和国企业所得税法》第三十七条规定，对非居民企业取得本法第三条第三款规定的所得应缴纳的所得税，实行源泉扣缴，以支付人为扣缴义务人。税款由扣缴义务人在每次支付或者到期应支付时，从支付或者到期应支付的款项中扣缴。

《国家税务总局关于非居民企业所得税源泉扣缴有关问题的公告》（国家税务总局公告2017年第37号）规定，企业所得税法规定的转让财产所得包含转让股权等权益性投资资产（以下称"股权"）所得。股权转让收入减除股权净值后的余额为股权转让所得应纳税所得额。股权转让收入是指股权转让人转让股权所收取的对价，包括货币形式和非货币形式的各种收入。股权净值是指取得该股权的计税基础。股权的计税基础是股权转让人投资入股时向中国居民企业实际支付的出资成本，或购买该项股权时向该股权的原转让人实际支付的股权受让成本。企业在计算股权转让所得时，不得扣除被投资企业未分配利润等股东留存收益中按该项股权所可能分配的金额。多次投资或收购的同项股权被部分转让的，从该项股权全部成本中按照转让比例计算确定被转让股权对应的成本。

《财政部、国家税务总局关于沪港股票市场交易互联互通机制试点有关税收政策的通知》（财税〔2014〕81号）规定，对香港市场投资者（包括企业和个人）投资上交所上市A股取得的转让差价所得，暂免征收所得税。

《财政部、国家税务总局、证监会关于深港股票市场交易互联互通机制试点有关税收政策的通知》（财税〔2016〕127号）规定，对香港市场投资者（包括企业和个人）投资深交所上市A股取得的转让差价所得，暂免征收所得税。

自2014年11月17日起，对QFII（合格境外机构投资者）、RQFII（人民币合格境外机构投资者）取得来源于中国境内的股票等权益性投资资产转让所得，暂免征收企业所得税。

（3）证券投资基金买卖股票特殊规定。《财政部、国家税务总局关于企业所得税若干优惠政策的通知》（财税〔2008〕1号）规定，对证券投资基金从证券市场中取得的收入，包括买卖股票、债券的差价收入，股权的股息、红利收入，债券的利息收入及其他收入，暂不征收企业所得税。对投资者从证券投资基金分配中取得的收入，暂不征收企业所得税。对证券投资基金管理人运用基金买卖股票、债券的差价收入，暂不征收企业所得税。

2. 股权持有收益

权益性投资持有收益，是指投资者从被投资企业获得的股息、红利性质的税后利润分配。根据《公司法》规定，投资者主要分为四类：居民企业、非居民企业、居民个人、非居民个人（外籍人员）。我国现行所得税政策规定，不同的投资者，其投资收益的税收待遇也是不同的。

（1）居民企业税后分配免税。居民企业从居民企业分得的税后利润，无论投资企业与被投资企业是否存在税率差，都是免征企业所得税的。

《中华人民共和国企业所得税法》第二十六条规定，符合条件的居民企业之间的股息、红利等权益性投资收益，以及在中国境内设立机构、场所的非居民企业从居民企业取得与该机构、场所有实际联系的股息、红利等权益性投资收益为免税收入。《中华人民共和国企业所得税法实施条例》第八十三条解释，符合条件的居民企业之间的股息、红利等权益性投资收益，是指居民企业直接投资于其他居民企业取得的投资收益。但不包括连续持有居民企业公开发行并上市流通的股票不足12个月取得的投资收益。

但居民企业从合伙企业分得的利润，由于合伙企业本身不缴纳所得税，所以居民企业分得的所得无论是合伙企业的生产经营所得还是利息股息红利所得，居民企业都要将该项所得并入本企业应纳税所得，按规定缴纳企业所得税。

《财政部、国家税务总局关于合伙企业合伙人所得税问题的通知》（财税〔2008〕159号）规定，合伙企业以每一个合伙人为纳税义务人。合伙企业合伙人是自然人的，缴纳个人所得税；合伙人是法人和其他组织的，缴纳企业所得税。合伙企业生产经营所得和其他所得采取"先分后税"的原则。具体应纳税所得额的计算按照《关于个人独资企业和合伙企业投资者征收个人所得税的规定》（财税〔2000〕91号）及《财政部、国家税务总局关于调整个体工商户个人独资企业和合伙企业个人所得税税前扣除标准有关问题的通知》（财税〔2008〕65号）的有关规定执行。前款所称生产经营所得和其他所得，包括合伙企业分配给所有合伙人的所得和企业当年留存的所得（利润）。

合伙企业的合伙人按照下列原则确定应纳税所得额：第一，合伙企业的合伙人以合伙企业的生产经营所得和其他所得，按照合伙协议约定的分配比例确定应纳税所得额。第二，合伙协议未约定或者约定不明确的，以全部生产经营所得和其他所得，按照合伙人协商决定的分配比例确定应纳税所得额。第三，协商不成的，以全部生产经营所得和其他所得，按照合伙人实缴出资比例确定应纳税所得额。第四，无法确定出资比例的，以全部生产经营所得和其他所得，按照合伙人数量平均计算每个合伙人的应纳税所得额。合伙协议不得约定将全部利润分配给部分合伙人。合伙企业的合伙人是法人和其他组织的，合伙人在计算其应缴纳企业所得税时，不得用合伙企业的亏损抵减其盈利。

（2）非居民企业税后分配纳税。《中华人民共和国企业所得税法》第三条第三款规定，非居民企业在中国境内未设立机构、场所的，或者虽设立机构、场所但取得的所得与其所设机构、场所没有实际联系的，应当就其来源于中国境内的所得缴纳企业所得税。该项所得，包括销售货物所得、提供劳务所得、转让财产所得、股息红利等权益性投资所得、利息所得、租金所得、特许权使用费所得、接受捐赠所得和其他所得。此所得缴纳的税收为预提所得税，适用的税率为10%，如取得所得的非居民企业所在国（或地区）与中国政府签订税收协定（包括香港、澳门与内地签订的税收协定）税率低于10%的，按协定税率执行。

《国家税务总局关于下发协定股息税率情况一览表的通知》（国税函〔2008〕112号）规定，自2008年1月1日起，非居民企业从我国居民企业获得的股息将按照10%的税率征收预提所得税，但是，我国政府同外国政府订立的关于对所得避免双重征税和防止偷漏税的协定以及内地与香港、澳门之间的税收安排（以下统称"协定"），与国内税法有不同规定的，依照协定的规定办理。为方便协定的执行，现将《协定股息税率情况一览表》（略）印发给你们并就有关问题通知如下：表中协定税率高于我国法律法规规定税率的，可以按国内法律法规规定的税率执行。纳税人申请执行协定税率时必须提交享受协定待遇申请表。

《国家税务总局关于税收协定中"受益所有人"有关问题的公告》（国家税务总局公告2018年第9号）规定，"受益所有人"是指对所得或所得据以产生的权利或财产具有所有权和支配权的人。判定需要享受税收协定待遇的缔约对方居民（以下简称"申请人"）"受益所有人"身份时，应根据结合具体案例的实际情况进行综合分析。一般来说，下列因素不利于对申请人"受益所有人"身份的判定：

①申请人有义务在收到所得的12个月内将所得的50%以上支付给第三国（地区）居民，"有义务"包括约定义务和虽未约定义务但已形成支付事实的情形。

②申请人从事的经营活动不构成实质性经营活动。实质性经营活动包括具有实质性的制造、经销、管理等活动。申请人从事的经营活动是否具有实质性，应根据其实际履行的功能及承担的风险进行判定。申请人从事的具有实质性的投资控股管理活动，可以构成实质性经营活动；申请人从事不构成实质性经营活动的投资控股管理活动，同时从事其他经营活动的，如果其他经营活动不够显著，不构成实质性经营活动。

③缔约对方国家（地区）对有关所得不征税或免税，或征税但实际税率极低。

④在利息据以产生和支付的贷款合同之外，存在债权人与第三人之间在数额、利率和签订时间等方面相近的其他贷款或存款合同。

⑤在特许权使用费据以产生和支付的版权、专利、技术等使用权转让合同之外，存在申请人与第三人之间在有关版权、专利、技术等的使用权或所有权方面的转让合同。

申请人从中国取得的所得为股息时，申请人虽不符合"受益所有人"条件，但直接或间接持有申请人100%股份的人符合"受益所有人"条件，并且属于以下两种情形之一的，应认为申请人具有"受益所有人"身份：一是上述符合"受益所有人"条件的人为申请人所属居民国（地区）居民；二是上述符合"受益所有人"条件的人虽不为申请人所属居民国（地区）居民，但该人和间接持有股份情形下的中间层均为符合条件的人。

"符合'受益所有人'条件"是指根据本公告第二条的规定，综合分析后可以判定具有"受益所有人"身份。"符合条件的人"是指该人从中国取得的所得为股息时，根据中国与其所属居民国（地区）签署的税收协定可享受的税收协定待遇和申请人可享受的税收协定待遇相同或更为优惠。

下列申请人从中国取得的所得为股息时，可不根据本公告第二条规定的因素进行综合分析，直接判定申请人具有"受益所有人"身份：一是缔约对方政府；二是缔约对方居民且在缔约对方上市的公司；三是缔约对方居民个人；四是申请人被上述各项中的一人或多人直接或间接持有100%股份，且间接持有股份情形下的中间层为中国居民或缔约对方居民。

上述要求的持股比例应当在取得股息前连续12个月以内任何时候均达到规定比例。

根据本公告规定的各项因素判定"受益所有人"身份时，可区分不同所得类型，通过公司章程、公司财务报表、资金流向记录、董事会会议记录、董事会决议、人力和物力配备情况、相关费用支出、职能和风险承担情况、贷款合同、特许权使用合同或转让合同、专利注册证书、版权所属证明等资料进行综合分析；判断是否为本公告第六条规定的"代理人代为收取所得"情形时，应根据代理合同或指定收款合同等资料进行分析。

《国家税务总局关于中国居民企业向QFII支付股息、红利、利息代扣代缴企业所得税有关问题的通知》（国税函〔2009〕47号）就中国居民企业向合格境外机构投资者（以下称为QFII）支付股息、红利、利息代扣代缴企业所得税有关问题明确如下：QFII取得来源于中国境内的股息、红利和利息收入，应当按照企业所得税法规定缴纳10%的企业所得税。如果是股息、红利，则由派发股息、红利的企业代扣代缴；如果是利息，则由企业在支付或到期应支付时代扣代缴。QFII取得股息、红利和利息收入，需要享受税收协定（安排）待遇的，可向主管税务机关提出申请，主管税务机关审核无误后按照税收协定的规定执行；涉及退税的，应及时予以办理。

《财政部、国家税务总局关于沪港股票市场交易互联互通机制试点有关税收政策的通知》（财税〔2014〕81号）规定，对香港市场投资者（包括企业和个人）投资上交所上市A股取得的股息红利所得，在香港中央结算有限公司（以下简称"香港结算"）不具备向中国结算提供投资者的身份及持股时间等明细数据的条件之前，暂不执行按持股时间实行差别化征税政策，由上市公司按照10%的税率代扣所得税，并向其主管税务机关办理扣缴申报。对于香港投资者中属于其他国家税收居民且其所在国与中国签订的税收协定规定股息红利所得税率低于10%的，企业或个人可以自行或委托代扣代缴义务人，向上市公司主管税务机关提出享受税收协定待遇的申请，主管税务机关审核后，应按已征税款和根据税收协定税率计算的应纳税款的差额予以退税。

《财政部、国家税务总局证监会关于深港股票市场交易互联互通机制试点有关税收政策的通知》（财税〔2016〕127号）规定，对香港市场投资者（包括企业和个人）投资深交所上市A股取得的股息红利所得，在香港中央结算有限公司（简称"香港结算"）不具备向中国结算提供投资者的身份及持股时间等明细数据的条件之前，暂不执行按持股时间实行差别化征税政策，由上市公司按照10%的税率代扣所得税，并向其主管税务机关办理扣缴申报。对于香港投资者中属于其他国家税收居民且其所在国与中国签订的税收协定规定股息红利所得税率低于10%的，企业或个人可以自行或委托代扣代缴义务人，向上市公司主管税务机关提出享受税收协定待遇退还多缴税款的申请，主管税务机关查实后，对符合退税条件的，应按已征税款和根据税收协定税率计算的应纳税款的差额予以退税。

（3）境外投资者税后分配再投资暂缓征税。《财政部、国家税务总局关于扩大境外投资者以分配利润直接投资暂不征收预提所得税政策适用范围的通知》（财税〔2018〕102号）规定，对境外投资者从中国境内居民企业分配的利润，用于境内直接投资暂不征收预提所得税政策的适用范围，由外商投资鼓励类项目扩大至所有非禁止外商投资的项目和领域。境外投资者暂不征收预提所得税须同时满足以下条件：

一是境外投资者以分得利润进行的直接投资，包括境外投资者以分得利润进行的增资、新建、股权收购等权益性投资行为，但不包括新增、转增、收购上市公司股份（符合条件的战略投资除外）。具体是指：新增或转增中国境内居民企业实收资本或者资本公积；在中国境内投资新建居民企业从非关联方收购中国境内居民企业股权；财政部、税务总局规定的其他方式。境外投资者采取上述投资行为所投资的企业统称为被投资企业。

二是境外投资者分得的利润属于中国境内居民企业向投资者实际分配已经实现的留存收益而形成的股息、红利等权益性投资收益。

三是境外投资者用于直接投资的利润以现金形式支付的,相关款项从利润分配企业的账户直接转入被投资企业或股权转让方账户,在直接投资前不得在境内外其他账户周转;境外投资者用于直接投资的利润以实物、有价证券等非现金形式支付的,相关资产所有权直接从利润分配企业转入被投资企业或股权转让方,在直接投资前不得由其他企业、个人代为持有或临时持有。

境外投资者符合规定条件的,应按照税收管理要求进行申报并如实向利润分配企业提供其符合政策条件的资料。利润分配企业经适当审核后认为境外投资者符合本通知规定的,可暂不按照企业所得税法规定扣缴预提所得税,并向其主管税务机关履行备案手续。

(4)企业境外所得可以抵免税。《中华人民共和国企业所得税法》第二十三条规定,企业取得的下列所得已在境外缴纳的所得税税额,可以从其当期应纳税额中抵免,抵免限额为该项所得依照本法规定计算的应纳税额;超过抵免限额的部分,可以在以后五个年度内,用每年度抵免限额抵免当年应抵税额后的余额进行抵补:居民企业来源于中国境外的应税所得;非居民企业在中国境内设立机构、场所,取得发生在中国境外但与该机构、场所有实际联系的应税所得。

居民企业从其直接或者间接控制的外国企业分得的来源于中国境外的股息、红利等权益性投资收益,外国企业在境外实际缴纳的所得税税额中属于该项所得负担的部分,可以作为该居民企业的可抵免境外所得税税额,在规定的抵免限额内抵免。

二、个人所得税

资产包括股权在个人所得税方面的主要意义与企业所得税基本相同,主要体现为两个方面,一是个人转让财产的所得需要缴纳个人所得税，二是持有财产的所得，如利息股息红利所得、租赁所得需要缴纳个人所得税。这里重点介绍股权资产的处置收益和持有收益的个人所得税纳税问题。

（一）股权转让所得

1. 居民个人转让股权所得缴纳个人所得税

个人转让股（票）权应当按照财产转让所得缴纳20%税率的个人所得税。《中华人民共和国个人所得税法》第三条规定，利息、股息、红利所得，财产租赁所得，财产转让所得和偶然所得，适用比例税率，税率为百分之二十。财产转让所得，按照一次转让财产的收入额减除财产原值和合理费用后的余额计算纳税。《中华人民共和国个人所得税法实施条例》第六条规定，财产转让所得，是指个人转让有价证券、股权、合伙企业中的财产份额、不动产、机器设备、车船以及其他财产取得的所得。

《国家税务总局关于个人终止投资经营收回款项征收个人所得税问题的公告》（国家税务总局公告2011年第41号）文件规定，个人因各种原因终止投资、联营、经营合作等行为，从被投资企业或合作项目、被投资企业的其他投资者以及合作项目的经营合作人取得股权转让收入、违约金、补偿金、赔偿金及以其他名目收回的款项等，均属于个人所得税应税收入，应按照"财产转让所得"项目适用的规定计算缴纳个人所得税。

个人股权转让价格的确定，无正当理由不得平价或低价转让。国家税务总局发布《股权转让所得个人所得税管理办法（试行）》（国家税务总局公告2014年第67号）的公告规定，股权转让是指个人将股权转让给其他个人或法人的行为，包括以下七种情形：出售股权；公司回购股权；发行人首次公开发行新股时，被投资企业股东将其持有的股份以公开发行方式一并向投资者发售；股权被司法或行政机关强制过户；以股权对外投资或进行其他非货币性交易；以股权抵偿债务；其他股权转移行为。

股权转让收入是指转让方因股权转让而获得的现金、实物、有价证券和其他形式的经济利益。转让方取得与股权转让相关的各种款项，包括违约金、补偿金以及其他名目的款项、资产、权益等，均应当并入股权转让收入。纳税人按照合同约定，在满足约定条件后取得的后续收入，应当作为股权转让收入。

符合下列情形之一，视为股权转让收入明显偏低：一是申报的股权转让收入低于股权对应的净资产份额的。其中，被投资企业拥有土地使用权、房屋、房地产企业未销售房产、知识产权、探矿权、采矿权、股权等资产的，申报的股权转让收入低于股权对应的净资产公允价值份额的；二是申报的股权转让收入低于初始投资成本或低于取得该股权所支付的价款及相关税费的；三是申报的股权转让收入低于相同或类似条件下同一企业同一股东或其他股东股权转让收入的；四是申报的股权转让收入低于相同或类似条件下同类行业的企业股权转让收入的；五是不具合理性的无偿让渡股权或股份；六是主管税务机关认定的其他情形。

符合下列四项条件之一的股权转让收入明显偏低，视为有正当理由：一是能出具有效文件，证明被投资企业因国家政策调整，生产经营受到重大影响，导致低价转让股权；二是继承或将股权转让给其能提供具有法律效力身份关系证明的配偶、父母、子女、祖父母、外祖父母、孙子女、外孙子女、兄弟姐妹以及对转让人承担直接抚养或者赡养义务的抚养人或者赡养人；三是相关法律、政府文件或企业章程规定，并有相关资料充分证明转让价格合理且真实的本企业员工持有的不能对外转让股权的内部转让；四是股权转让双方能够提供有效证据证明其合理性的其他合理情形。

　　股权转让价格偏低无正当理由的，主管税务机关应依次按照下列方法核定股权转让收入：（1）净资产核定法。股权转让收入按照每股净资产或股权对应的净资产份额核定。被投资企业的土地使用权、房屋、房地产企业未销售房产、知识产权、探矿权、采矿权、股权等资产占企业总资产比例超过20%的，主管税务机关可参照纳税人提供的具有法定资质的中介机构出具的资产评估报告核定股权转让收入。6个月内再次发生股权转让且被投资企业净资产未发生重大变化的，主管税务机关可参照上一次股权转让时被投资企业的资产评估报告核定此次股权转让收入。（2）类比法。参照相同或类似条件下同一企业同一股东或其他股东股权转让收入核定或参照相同或类似条件下同类行业企业股权转让收入核定。（3）其他合理方法。主管税务机关采用以上方法核定股权转让收入存在困难的，可以采取其他合理方法核定。

　　《财政部、国家税务总局关于个人转让股票所得继续暂免征收个人所得税的通知》（财税字〔1998〕61号）规定，为了配合企业改制，促进股票市场的稳健发展，经报国务院批准，从1997年1月1日起，对个人转让上市公司股票取得的所得继续暂免征收个人所得税。

　　《财政部、国家税务总局、证监会关于个人转让上市公司限售股所得征收个人所得税有关问题的通知》（财税〔2009〕167号）规定，自2010年1月1日起，对个人转让限售股取得的所得，按照"财产转让所得"，适用20%的比例税率征收个人所得税。本通知所称限售股，包括：上市公司股权分置改革完成后股票复牌日之前股东所持原非流通股股份，以及股票复牌日至解禁日期间由上述股份孳生的送、转股（以下统称"股改限售股"）；2006年股权分置改革新老划断后，首次公开发行股票并上市的公司形成的限售股，以及上市首日至解禁日期间由上述股份孳生的送、转股（以下统称"新股限售股"）；财政部、国家税务总局、法制办和证监会共同确定的其他限售股。

个人转让限售股，以每次限售股转让收入，减除股票原值和合理税费后的余额，为应纳税所得额。限售股转让收入，是指转让限售股股票实际取得的收入。限售股原值，是指限售股买入时的买入价及按照规定缴纳的有关费用。合理税费，是指转让限售股过程中发生的印花税、佣金、过户费等与交易相关的税费。如果纳税人未能提供完整、真实的限售股原值凭证的，不能准确计算限售股原值的，主管税务机关一律按限售股转让收入的15%核定限售股原值及合理税费。

《财政部、国家税务总局、证监会关于个人转让上市公司限售股所得征收个人所得税有关问题的补充通知》（财税〔2010〕70号）就个人转让限售股所得征收个人所得税有关政策问题进一步做了补充规定，限售股包括以下七类：（1）财税〔2009〕167号文件规定的限售股；（2）个人从机构或其他个人受让的未解禁限售股；（3）个人因依法继承或家庭财产依法分割取得的限售股；（4）个人持有的从代办股份转让系统转到主板市场（或中小板、创业板市场）的限售股；（5）上市公司吸收合并中，个人持有的原被合并方公司限售股所转换的合并方公司股份；（6）上市公司分立中，个人持有的被分立方公司限售股所转换的分立后公司股份；（7）其他限售股。

个人转让限售股或发生具有转让限售股实质的其他交易，取得现金、实物、有价证券和其他形式的经济利益均应缴纳个人所得税。限售股在解禁前被多次转让的，转让方对每一次转让所得均应按规定缴纳个人所得税。对具有下列情形的，应按规定征收个人所得税：（1）个人通过证券交易所集中交易系统或大宗交易系统转让限售股；（2）个人用限售股认购或申购交易型开放式指数基金（ETF）份额；（3）个人用限售股接受要约收购；（4）个人行使现金选择权将限售股转让给提供现金选择权的第三方；（5）个人协议转让限售股；（6）个人持有的限售股被司法扣划；（7）个人因依法继承或家庭财产分割让渡限售股所有权；（8）个人用限售股偿还上市公司股权分置改革中由大股东代其向流通股股东支付的对价；（9）其他具有转让实质的情形。

为促进全国中小企业股份转让系统（简称"新三板"）长期稳定发展，《财政部、国家税务总局、证监会关于个人转让全国中小企业股份转让系统挂牌公司股票有关个人所得税政策的通知》（财税〔2018〕137号）就个人转让新三板挂牌公司股票有关个人所得税政策做出规定，自2018年11月1日（含）起，对个人转让新三板挂牌公司非原始股取得的所得，暂免征收个人所得税。通知所称非原始股是指个人在新三板挂牌公司挂牌后取得的股票，以及由上述股票孳生的送、转股对个人转让新三板挂牌公司原始股取得的所得，按照"财产转让所得"，适用20%的比例税率征收个人所得税。通知所称原始股是指个人在新三板挂牌公司挂牌前取得的股票，以及在该公司挂牌前和挂牌后由上述股票孳生的送、转股。

2019年9月1日之前，个人转让新三板挂牌公司原始股的个人所得税，征收管理办法按照现行股权转让所得有关规定执行，以股票受让方为扣缴义务人，由被投资企业所在地税务机关负责征收管理。自2019年9月1日（含）起，个人转让新三板挂牌公司原始股的个人所得税，以股票托管的证券机构为扣缴义务人，由股票托管的证券机构所在地主管税务机关负责征收管理。具体征收管理办法参照《财政部、国家税务总局、证监会关于个人转让上市公司限售股所得征收个人所得税有关问题的通知》（财税〔2009〕167号）和《财政部、国家税务总局、证监会关于个人转让上市公司限售股所得征收个人所得税有关问题的补充通知》（财税〔2010〕70号）有关规定执行。

2. 外籍个人转让境内居民企业股权缴纳个人所得税

《中华人民共和国个人所得税法》第一条规定，在中国境内有住所，或者无住所而一个纳税年度内在中国境内居住累计满一百八十三天的个人，为居民个人。居民个人从中国境内和境外取得的所得，依照本法规定缴纳个人所得税。在中国境内无住所又不居住，或者无住所而一个纳税年度内在中国境内居住累计不满一百八十三天的个人，为非居民个人。非居民个人从中国境内取得的所得，依照本法规定缴纳个人所得税。所以，外籍个人直接或间接转让中国居民企业股权为从中国境内取得的财产转让所得，应按照我国税法的规定缴纳20%的个人所得税。外籍个人转让股权涉及双边征税权的，按双边签订的避免双重征税的税收《协定》（或《安排》）处理。

股权转让所得属于个人所得税征税项目的财产转让所得，按照一次转让财产的收入额减除财产原值和合理费用后的余额计算纳税。

《财政部、国家税务总局关于沪港股票市场交易互联互通机制试点有关税收政策的通知》（财税〔2014〕81号）规定，对香港市场投资者（包括企业和个人）投资上交所上市A股取得的转让差价所得，暂免征收所得税。

《财政部、国家税务总局、证监会关于深港股票市场交易互联互通机制试点有关税收政策的通知》（财税〔2016〕127号）规定，对香港市场投资者（包括企业和个人）投资深交所上市A股取得的转让差价所得，暂免征收所得税。

3. 转让代个人持股所得纳税

有限公司股权存在代持股在法律上是认可的，但在税收处理上暂没有认可的明确规定，转让上市公司股票存在代持关系的，税收政策有个别规定。

《最高人民法院关于修改关于适用〈中华人民共和国公司法〉若干问题的规定的决定》（法释〔2014〕2号）第二十四条规定，有限责任公司的实际出资人与名义出资人订立合同，约定由实际出资人出资并享有投资权益，以名义出资人为名义股东，实际出资人与名义股东对该合同效力发生争议的，如无合同法第五十二条规定的情形，人民法院应当认定该合同有效。实际出资人与名义股东因投资权益的归属发生争议，实际出资人以其实际履行了出资义务为由向名义股东主张权利的，人民法院应予支持。名义股东以公司股东名册记载、公司登记机关登记为由否认实际出资人权利的，人民法院不予支持。实际出资人未经公司其他股东半数以上同意，请求公司变更股东、签发出资证明书、记载于股东名册、记载于公司章程并办理了公司登记机关登记的，人民法院不予支持。

第二十五条规定，名义股东将登记于其名下的股权转让、质押或者以其他方式处分，实际出资人以其对于股权享有实际权利为由，请求认定处分股权行为无效的，人民法院可以参照物权法第一百○六条的规定处理。名义股东处分股权造成实际出资人损失，实际出资人请求名义股东承担赔偿责任的，人民法院应予支持。

《国家税务总局关于企业转让上市公司限售股有关所得税问题的公告》（国家税务总局公告2011年第39号）第二条关于"企业转让代个人持有的限售股征税问题"的规定，因股权分置改革造成原由个人出资而由企业代持有的限售股，企业在转让时按以下规定处理：（1）企业转让上述限售股取得的收入，应作为企业应税收入计算纳税。上述限售股转让收入扣除限售股原值和合理税费后的余额为该限售股转让所得。企业未能提供完整、真实的限售股原值凭证，不能准确计算该限售股原值的，主管税务机关一律按该限售股转让收入的15%，核定为该限售股原值和合理税费。依照本条规定完成纳税义务后的限售股转让收入余额转付给实际所有人时不再纳税。（2）依法院判决、裁定等原因，通过证券登记结算公司，企业将其代持的个人限售股直接变更到实际所有人名下的，不视同转让限售股。

企业在限售股解禁前将其持有的限售股转让给其他企业或个人（以下简称"受让方"），其企业所得税问题按以下规定处理：（1）企业应按减持在证券登记结算机构登记的限售股取得的全部收入，计入企业当年度应税收入计算纳税。（2）企业持有的限售股在解禁前已签订协议转让给受让方，但未变更股权登记，仍由企业持有的，企业实际减持该限售股取得的收入，依照本条第一项规定纳税后，其余额转付给受让方的，受让方不再纳税。

《国家税务总局稽查局关于2017年股权转让检查工作的指导意见》（税总稽便函〔2017〕165号）"关于代持股票的纳税主体确定问题"明确规定如下：

（1）对于企业代个人持股的所得税征收，《国家税务总局关于企业转让上市公司限售股有关所得税问题的公告》（2011年第39号）第二条有明确规定：因股权分置改革造成原由个人出资而由企业代持有的限售股……企业转让上述限售股取得的收入，应作为企业应税收入计算纳税。

（2）对代持股票转让的营业税（注：营改增后为"增值税"）征收以及企业之间代持股票转让的企业所得税征收，应按其法定形式确认纳税主体，以代持方为纳税人征收营业税（营改增后为"增值税"）及所得税，如委托方已将收到的转让款缴纳了营业税（营改增后为"增值税"）及所得税，且两方所得税又无实际税负差别的，可以不再向代持方追征税款。

根据上述政策规定分析，税收对代持股关系的，暂时仅明确企业代个人或企业代企业持股的税务处理，对个人与个人代持关系或个人代企业持股关系没有涉及。该文件规定，对企业代个人持有上市公司股票的，转让时由代持企业作为纳税人按规定缴纳企业所得税和增值税，转付给个人时，个人不再纳税。对企业代企业持有上市公司股票的，转让时也由代持企业作为纳税人按规定缴纳企业所得税和增值税，如代持企业缴纳企业所得税税负不低于被代持企业的，不再补税。如代持企业缴纳企业所得税税负低于被代持企业的，差额部分由被代持企业补缴。

4. 个人境外所得可以抵免税

根据《中华人民共和国个人所得税法》第七条规定，居民个人从中国境外取得的所得，可以从其应纳税额中抵免已在境外缴纳的个人所得税税额，但抵免额不得超过该纳税人境外所得依照本法规定计算的应纳税额。

（二）股息红利所得

1. 居民个人缴纳个人所得税

根据我国个人所得税法规定，个人股东取得的利息、股息、红利所得，应该按照20%税率缴纳个人所得税，但从上市公司取得的股息红利所得，实行差别化征免税。自然人个人从合伙企业取得的分配，分别按生产经营所得的五级超额累进税率征税，财产转让所得、利息股息红利所得按20%税率征税。

《财政部、国家税务总局、证监会关于实施上市公司股息红利差别化个人所得税政策有关问题的通知》（财税〔2012〕85号）规定，个人从公开发行和转让市场取得的上市公司股票，持股期限在1个月以内（含1个月）的，其股息红利所得全额计入应纳税所得额；持股期限在1个月以上至1年（含1年）的，暂减按50%计入应纳税所得额；持股期限超过1年的，暂减按25%计入应纳税所得额。上述所得统一适用20%的税率计征个人所得税。上市公司是指在上海证券交易所、深圳证券交易所挂牌交易的上市公司；持股期限是指个人从公开发行和转让市场取得上市公司股票之日至转让交割该股票之日前一日的持有时间。

对个人持有的上市公司限售股，解禁后取得的股息红利，按照本通知规定计算纳税，持股时间自解禁日起计算；解禁前取得的股息红利继续暂减按50%计入应纳税所得额，适用20%的税率计征个人所得税。限售股，是指财税〔2009〕167号文件和财税〔2010〕70号文件规定的限售股。证券投资基金从上市公司取得的股息红利所得，按照本通知规定计征个人所得税。

《财政部、国家税务总局、证监会关于上市公司股息红利差别化个人所得税政策有关问题的通知》（财税〔2015〕101号）规定，自2015年9月8日起，个人从公开发行和转让市场上取得的自上市公司股票，持股期限超过1年的，股息红利所得暂免征个人所得税。个人从公开发行和转让市场上取得的上市公司股票，持股期限在1个月以内（含1个月）的，其股息红利所得金额计入应纳税所得额；持股期限在1个月以上至1年（含1年）的，暂减按50%计入应纳税所得额，上述所得统一适用20%的税率计征个人所得税。

《财政部、国家税务总局、证监会关于继续实施全国中小企业股份转让系统挂牌公司股息红利差别化个人所得税政策的公告》（财政部、国家税务总局、证监会公告2019年第78号）规定，个人持有挂牌公司的股票，持股期限超过1年的，对股息红利所得暂免征收个人所得税。个人持有挂牌公司的股票，持股期限在1个月以内（含1个月）的，其股息红利所得全额计入应纳税所得额；持股期限在1个月以上至1年（含1年）的，其股息红利所得暂减按50%计入应纳税所得额；上述所得统一适用20%的税率计征个人所得税。以上《公告》所称挂牌公司是指股票在全国中小企业股份转让系统公开转让的非上市公众公司；持股期限是指个人取得挂牌公司股票之日至转让交割该股票之日前一日的持有时间。

个人合伙人从合伙企业分得的利润实行"先分后税"原则征税，即无论合伙企业是否分配均视同按规定的分配比例已分配并据此征税，尚未分配已征税的所得再次分配时不再重复征税。

《财政部、国家税务总局关于合伙企业合伙人所得税问题的通知》（财税〔2008〕159号）规定，合伙企业以每一个合伙人为纳税义务人。合伙企业合伙人是自然人的，缴纳个人所得税；合伙人是法人和其他组织的，缴纳企业所得税。合伙企业生产经营所得和其他所得采取"先分后税"的原则。具体应纳税所得额的计算按照《关于个人独资企业和合伙企业投资者征收个人所得税的规定》（财税〔2000〕91号）及《财政部、国家税务总局关于调整个体工商户个人独资企业和合伙企业个人所得税税前扣除标准有关问题的通知》（财税〔2008〕65号）的有关规定执行。上述"先分后税"的生产经营所得和其他所得，包括合伙企业分配给所有合伙人的所得和企业当年留存的所得（利润）。

对个人投资者征收个人所得税适用具体税率时，财政部、国家税务总局关于印发《关于个人独资企业和合伙企业投资者征收个人所得税的法规》（财税〔2000〕91号）的通知第六条规定，凡实行查账征税办法的，生产经营所得比照《个体工商户个人所得税计税办法（试行）》（国税发〔1997〕43号）的法规确定，即实行五级超额累进税率征税。《国家税务总局关于〈关于个人独资企业和合伙企业投资者征收个人所得税的规定〉执行口径的通知》（国税函〔2001〕84号）第二条规定，个人独资企业和合伙企业对外投资分回的利息或者股息、红利，不并入企业的收入，而应单独作为投资者个人取得的利息、股息、红利所得，按"利息、股息、红利所得"应税项目计算缴纳个人所得税。以合伙企业名义对外投资分回利息或者股息、红利的，应按《通知》所附规定的第五条（注：个人独资企业的投资者以全部生产经营所得为应纳税所得额；合伙企业的投资者按照合伙企业的全部生产经营所得和合伙协议约定的分配比例确定应纳税所得额，合伙协议没有约定分配比例的，以全部生产经营所得和合伙人数量平均计算每个投资者的应纳税所得额。前款所称生产经营所得，包括企业分配给投资者个人的所得和企业当年留存的所得利润。）确定各个投资者的利息、股息、红利所得，分别按"利息、股息、红利所得"应税项目计算缴纳个人所得税。

为进一步支持创业投资企业（含创投基金）发展，《财政部、国家发展和改革委员会、国家税务总局中国证券监督管理委员会关于创业投资企业个人合伙人所得税政策问题的通知》（财税〔2019〕8号）规定，创投企业可以选择按单一投资基金核算或者按创投企业年度所得整体核算两种方式之一，对其个人合伙人来源于创投企业的所得计算个人所得税应纳税额。创投企业，是指符合《创业投资企业管理暂行办法》（发展改革委等10部门令第39号）或者《私募投资基金监督管理暂行办法》（证监会令第105号）关于创业投资企业（基金）的有关规定，并按照上述规定完成备案且规范运作的合伙制创业投资企业（基金）。创投企业选择按单一投资基金核算的，其个人合伙人从该基金应分得的股权转让所得和股息红利所得，按照20%税率计算缴纳个人所得税。创投企业选择按年度所得整体核算的，其个人合伙人应从创投企业取得的所得，按照"经营所得"项目5%～35%的超额累进税率计算缴纳个人所得税。

2. 外籍个人分红免税

《财政部、国家税务总局关于个人所得税若干政策问题的通知》（财税字〔1994〕第020号）规定，外籍个人从外商投资企业取得的股息、红利所得暂免征收个人所得税。

《国家税务总局关于外籍个人持有中国境内上市公司股票所取得的股息有关税收问题的函》（国税函发〔1994〕440号）明确规定，对持有B股或海外股（包括H股）的外籍个人，从发行该B股或海外股的中国境内企业所取得的股息（红利）所得，暂免征收个人所得税。

《财政部、国家税务总局关于沪港股票市场交易互联互通机制试点有关税收政策的通知》（财税〔2014〕81号）规定，对香港市场投资者（包括企业和个人）投资上交所上市A股取得的股息红利所得，在香港中央结算有限公司（以下简称"香港结算"）不具备向中国结算提供投资者的身份及持股时间等明细数据的条件之前，暂不执行按持股时间实行差别化征税政策，由上市公司按照10%的税率代扣所得税，并向其主管税务机关办理扣缴申报。对于香港投资者中属于其他国家税收居民且其所在国与中国签订的税收协定规定股息红利所得税率低于10%的，企业或个人可以自行或委托代扣代缴义务人，向上市公司主管税务机关提出享受税收协定待遇的申请，主管税务机关审核后，应按已征税款和根据税收协定税率计算的应纳税款的差额予以退税。

《财政部、国家税务总局、证监会关于深港股票市场交易互联互通机制试点有关税收政策的通知》（财税〔2016〕127号）规定，对香港市场投资者（包括企业和个人）投资深交所上市A股取得的股息红利所得，在香港中央结算有限公司（以下简称"香港结算"）不具备向中国结算提供投资者的身份及持股时间等明细数据的条件之前，暂不执行按持股时间实行差别化征税政策，由上市公司按照10%的税率代扣所得税，并向其主管税务机关办理扣缴申报。对于香港投资者中属于其他国家税收居民且其所在国与中国签订的税收协定规定股息红利所得税率低于10%的，企业或个人可以自行或委托代扣代缴义务人，向上市公司主管税务机关提出享受税收协定待遇退还多缴税款的申请，主管税务机关查实后，对符合退税条件的，应按已征税款和根据税收协定税率计算的应纳税款的差额予以退税。

三、其他税收

企业的资产和股权因转让销售、投资、划转、重组等发生所有权属转移，除了涉及所得税外，主要还涉及增值税、消费税、土地增值税、契税、资源税、印花税和其他相关税收。除企业重组有特殊的优惠政策规定外，一般都是要按销售或视同销售征税的。

（一）增值税和消费税

按照现行税法规定，销售转让货物动产要征收增值税（消费税应税产品要缴纳消费税），而转让股权资产一般不需要缴纳增值税。

1. 增值税

《中华人民共和国增值税暂行条例》规定，在中华人民共和国境内销售货物或者加工、修理修配劳务（以下简称"劳务"），销售服务、无形资产、不动产以及进口货物的单位和个人，为增值税的纳税人，应当依照本条例缴纳增值税。《中华人民共和国增值税暂行条例实施细则》第四条规定，单位或者个体工商户的下列行为，视同销售货物：（1）将货物交付其他单位或者个人代销；（2）销售代销货物；（3）设有两个以上机构并实行统一核算的纳税人，将货物从一个机构移送其他机构用于销售，但相关机构设在同一县（市）的除外；（4）将自产或者委托加工的货物用于非增值税应税项目（注：营改增后，非增值税应税项目已取消）；（5）将自产、委托加工的货物用于集体福利或者个人消费；（6）将自产、委托加工或者购进的货物作为投资，提供给其他单位或者个体工商户；（7）将自产、委托加工或者购进的货物分配给股东或者投资者；（8）将自产、委托加工或者购进的货物无偿赠送其他单位或者个人。

《营业税改征增值税试点实施办法》（财税〔2016〕36号）规定，在中华人民共和国境内（以下称"境内"）销售服务、无形资产或者不动产的单位和个人，为增值税纳税人，应当按照本办法缴纳增值税，不缴纳营业税。下列情形视同销售服务、无形资产或者不动产：（1）单位或者个体工商户向其他单位或者个人无偿提供服务，但用于公益事业或者以社会公众为对象的除外。（2）单位或者个人向其他单位或者个人无偿转让无形资产或者不动产，但用于公益事业或者以社会公众为对象的除外。（3）财政部和国家税务总局规定的其他情形。

企业转让股权无需缴纳增值税，但企业转让股票金融资产要按转让差额所得部分缴纳增值税，个人转让股票金融资产不缴纳增值税。

《营业税改征增值税试点实施办法》（财税〔2016〕36号）附件《销售服务、无形资产、不动产注释》中规定，金融服务，是指经营金融保险的业务活动。包括贷款服务、直接收费金融服务、保险服务和金融商品转让。其中金融商品转让，是指转让外汇、有价证券、非货物期货和其他金融商品所有权的业务活动。其他金融商品转让包括基金、信托、理财产品等各类资产管理产品和各种金融衍生品的转让。

金融商品转让增值税征税，按照卖出价扣除买入价后的余额为销售额。转让金融商品出现的正负差，按盈亏相抵后的余额为销售额。若相抵后出现负差，可结转下一纳税期与下期转让金融商品销售额相抵，但年末时仍出现负差的，不得转入下一个会计年度。金融商品的买入价，可以选择按照加权平均法或者移动加权平均法进行核算，选择后36个月内不得变更。金融商品转让，不得开具增值税专用发票。

下列金融商品转让收入，免征增值税：（1）合格境外投资者（QFII）委托境内公司在我国从事证券买卖业务；（2）香港市场投资者（包括单位和个人）通过沪港通买卖上海证券交易所上市A股；（3）对香港市场投资者（包括单位和个人）通过基金互认买卖内地基金份额；（4）证券投资基金（封闭式证券投资基金，开放式证券投资基金）管理人运用基金买卖股票、债券；（5）个人从事金融商品转让业务。

《财政部、国家税务总局关于明确无偿转让股票等增值税政策的公告》（财政部税务总局公告2020年第40号）对纳税人无偿转让股票征收增值税制定了一项特殊政策。该文件规定，纳税人无偿转让股票时，转出方以该股票的买入价为卖出价，按照"金融商品转让"计算缴纳增值税；在转入方将上述股票再转让时，以原转出方的卖出价为买入价，按照"金融商品转让"计算缴纳增值税。

2. 消费税

《中华人民共和国消费税暂行条例》及其实施细则规定，在中华人民共和国境内生产、委托加工和进口本条例规定的消费品的单位和个人，以及国务院确定的销售本条例规定的消费品的其他单位和个人，为消费税的纳税人，应当依照本条例缴纳消费税。纳税人生产的应税消费品，于纳税人销售时纳税。纳税人自产自用的应税消费品，用于连续生产应税消费品的，不纳税；用于其他方面的，于移送使用时纳税。用于连续生产应税消费品，是指纳税人将自产自用的应税消费品作为直接材料生产最终应税消费品，自产自用应税消费品构成最终应税消费品的实体。用于其他方面，是指纳税人将自产自用应税消费品用于生产非应税消费品、在建工程、管理部门、非生产机构、提供劳务、馈赠、赞助、集资、广告、样品、职工福利、奖励等方面。

（二）土地增值税

1. 转让不动产

企业和个人转让不动产（含国有土地使用权、地面建筑物及其附着物）的行为，无论是否拥有不动产的产权，均应该按照规定缴纳土地增值税。

《中华人民共和国土地增值税暂行条例》规定，转让国有土地使用权，地上的建筑物及其附着物（以下简称"转让房地产"）并取得收入的单位和个人，为土地增值税的纳税义务人，应当依照本条例缴纳土地增值税。转让国有土地使用权、地上的建筑物及其附着物并取得收入，是指以出售或者其他方式有偿转让房地产的行为。不包括以继承、赠与方式无偿转让房地产的行为。国有土地，是指按国家法律规定属于国家所有的土地，地上的建筑物，是指建于土地上的一切建筑物，包括地上地下的各种附属设施。附着物，是指附着于土地上的不能移动，一经移动即遭损坏的物品。

《国家税务总局关于转让地上建筑物土地增值税征收问题的批复》（国税函〔2010〕347号）针对厦门市地方税务局《关于转

让地上建筑物土地增值税征收问题的请示》（厦地税发〔2010〕18号）批复如下：根据《中华人民共和国土地增值税暂行条例》规定，对转让码头泊位、机场跑道等基础设施性质的建筑物行为，应当征收土地增值税。

《国家税务总局关于房地产开发企业土地增值税清算管理有关问题的通知》（国税发〔2006〕187号）规定，房地产开发企业将开发产品用于职工福利、奖励、对外投资、分配给股东或投资人、抵偿债务、换取其他单位和个人的非货币性资产等，发生所有权转移时应视同销售房地产，其收入按下列方法和顺序确认：（1）按本企业在同一地区、同一年度销售的同类房地产的平均价格确定；（2）由主管税务机关参照当地当年、同类房地产的市场价格或评估价值确定。房地产开发企业将开发的部分房地产转为企业自用或用于出租等商业用途时，如果产权未发生转移，不征收土地增值税，在税款清算时不列收入，不扣除相应的成本和费用。

2. 转让企业股权

纳税人转让国有土地使用权、地上的建筑物及其附着物，无论是房地产开发企业转让新开发的房地产，还是非房地产开发企业转让已经拥有土地使用权的旧房，都是要按照规定缴纳土地增值税的。企业转让股权一般不涉及土地和不动产，不征收土地增值税。但名义上转让企业股权实质上转让企业不动产的，税收政策出于反避税和税收公平性合理性考虑，也有征收土地增值税的政策规定。

《国家税务总局关于以转让股权名义转让房地产行为征收土地增值税问题》（国税函〔2000〕687号）答复广西壮族自治区地方税务局《关于以转让股权名义转让房地产行为征收土地增值税问题的请示》（桂地税报〔2000〕32号）如下：鉴于深圳市能源集团有限公司和深圳能源投资股份有限公司一次性共同转让深圳能源（钦

州）实业有限公司100%的股权，且这些以股权形式表现的资产主要是土地使用权、地上建筑物及附着物，经研究，对此应按土地增值税的规定征税。

《国家税务总局关于土地增值税相关政策问题的批复》（国税函〔2009〕387号）回复广西壮族自治区地方税务局《关于土地增值税相关政策问题的请示》（桂地税报〔2009〕13号）如下：鉴于广西玉柴营销有限公司在2007年10月30日将房地产作价入股后，于2007年12月6日、18日办理了房地产过户手续，同月25日即将股权进行了转让，且股权转让金额等同于房地产的评估值。因此，我局认为这一行为实质上是房地产交易行为，应按规定征收土地增值税。

《国家税务总局关于天津泰达恒生转让土地使用权土地增值税征缴问题的批复》（国税函〔2011〕415号）答复天津市地方税务局《关于天津泰达恒生转让土地使用权土地增值税征缴问题的请示》（津地税办〔2011〕6号）如下：经研究，同意你局关于"北京国泰恒生投资有限公司利用股权转让方式让渡土地使用权，实质是房地产交易行为"的认定，应依照《土地增值税暂行条例》的规定，征收土地增值税。

（三）契税

《中华人民共和国契税法》规定，在中华人民共和国境内转移土地、房屋权属，承受的单位和个人为契税的纳税人，应当依照本法规定缴纳契税。本法所称转移土地、房屋权属，是指下列行为：土地使用权出让；土地使用权转让，包括出售、赠与、互换；房屋买卖、赠与、互换。土地使用权转让，不包括土地承包经营权和土地经营权的转移。以作价投资（入股）、偿还债务、划转、奖励等方式转移土地、房屋权属的，应当依照本法规定征收契税。

契税的计税依据为：（1）土地使用权出让、出售，房屋买卖，为土地、房屋权属转移合同确定的成交价格，包括应交付的货币以及实物、其他经济利益对应的价款；（2）土地使用权互换、房屋互换，为所互换的土地使用权、房屋价格的差额；（3）土地使用权赠与、房屋赠与以及其他没有价格的转移土地、房屋权属行为，为税务机关参照土地使用权出售、房屋买卖的市场价格依法核定的价格。纳税人申报的成交价格、互换价格差额明显偏低且无正当理由的，由税务机关依照《中华人民共和国税收征收管理法》的规定核定。

（四）资源税

企业的资产发生所有权属转移涉及资源税产品的，应按规定缴纳资源税。

《中华人民共和国资源税法》规定，在中华人民共和国领域和中华人民共和国管辖的其他海域开发应税资源的单位和个人，为资源税的纳税人，应当依照本法规定缴纳资源税。

《财政部、国家税务总局关于资源税有关问题执行口径的公告》（财政部、税务总局公告2020年第34号）规定，销售资源税应税产品（以下简称"应税产品"）的销售额，按照纳税人销售应税产品向购买方收取的全部价款确定，不包括增值税税款。应税产品的销售数量，包括纳税人开采或者生产应税产品的实际销售数量和自用于应当缴纳资源税情形的应税产品数量。

纳税人自用应税产品应当缴纳资源税的情形，包括纳税人以应税产品用于非货币性资产交换、捐赠、偿债、赞助、集资、投资、广告、样品、职工福利、利润分配或者连续生产非应税产品等。纳税人申报的应税产品销售额明显偏低且无正当理由的，或者有自用应税产品行为而无销售额的，主管税务机关可以按下列方法和顺序确定其应税产品销售额：（1）按纳税人最近时期同类产品的平均销售价格确定。（2）按其他纳税人最近时期同类产品的平均销售价格确定。（3）按后续加工非应税产品销售价格，减去后续加工环节的成本利润后确定。（4）按应税产品组成计税价格确定。组成计税价格＝成本×（1+成本利润率）÷（1–资源税税率），上述公式中的成本利润率由省、自治区、直辖市税务机关确定。（5）按其他合理方法确定。

（五）印花税

企业资产或股权的变动，涉及印花税征税项目的，要按规定缴纳印花税。

《中华人民共和国印花税暂行条例》规定，在中华人民共和国境内书立、领受本条例所列举凭证的单位和个人，都是印花税的纳税义务人（以下简称"纳税人"），应当按照本条例规定缴纳印花税。

印花税只对税目税率表中列举的凭证和经财政部确定征税的其他凭证征税。下列凭证为应纳税凭证：（1）购销、加工承揽、建设工程承包、财产租赁、货物运输、仓储保管、借款、财产保险、技术合同或者具有合同性质的凭证；（2）产权转移书据；（3）营业账簿；（4）权利、许可证照；（5）经财政部确定征税的其他凭证。上述产权转移书据，是指单位和个人产权的买卖、继承、赠与、交换、分割等所立的书据。

《国家税务局关于印花税若干具体问题的解释和规定的通知》（国税发〔1991〕155号）第十条规定，"财产所有权"转移书据的征税范围是：经政府管理机关登记注册的动产、不动产的所有权转移所立的书据，以及企业股权转让所立的书据。

《财政部、国家税务总局关于印花税若干政策的通知》（财税

〔2006〕162号规定），对土地使用权出让合同、土地使用权转让合同按产权转移书据征收印花税。对商品房销售合同按照产权转移书据征收印花税。

《财政部、国家税务总局关于证券交易印花税改为单边征收问题的通知》（财税明电〔2008〕2号）规定，经国务院批准，财政部、国家税务总局决定从2008年9月19日起，调整证券（股票）交易印花税征收方式，将现行的对买卖、继承、赠与所书立的A股、B股股权转让书据按千分之一的税率对双方当事人征收证券（股票）交易印花税，调整为单边征税，即对买卖、继承、赠与所书立的A股、B股股权转让书据的出让方按千分之一的税率征收证券（股票）交易印花税，对受让方不再征税。

《财政部、国家税务总局关于在全国中小企业股份转让系统转让股票有关证券（股票）交易印花税政策的通知》（财税〔2014〕47号）的规定，在全国中小企业股份转让系统买卖、继承、赠与股票所书立的股权转让书据，依书立时实际成交金额，由出让方按千分之一的税率计算缴纳证券（股票）交易印花税。

《财政部、国家税务总局、证监会关于沪港股票市场交易互联互通机制试点有关税收政策的通知》（财税〔2014〕81号）规定，关于内地和香港市场投资者通过沪港通转让股票的证券（股票）交易印花税问题，香港市场投资者通过沪港通买卖、继承、赠与上交所上市A股，按照内地现行税制规定缴纳证券（股票）交易印花税；内地投资者通过沪港通买卖、继承、赠与联交所上市股票，按照香港特别行政区现行税法规定缴纳印花税。中国结算和香港结算可互相代收上述税款。

第三节　企业股权与资产重组

一、什么是企业重组

企业是各种生产要素的有机组合，企业的功能在于把各种各样的生产要素进行最佳组合，实现资源的优化配置和利用。在市场经济条件下，企业的市场需求和生产要素是不断变化的，特别是在经济日益全球化、市场竞争加剧的情况下，企业生存的内外环境的变动趋于加快，企业要在这种变动的环境中保持竞争优势，就必须不断地及时进行竞争力要素再组合，企业重组就是要素再组合的一种手段。在市场竞争中，对企业长远发展最有意义的是建立在企业核心竞争力基础之上的持久的竞争优势。企业的竞争优势是企业盈利能力的根本保证，没有竞争力的企业连基本的生存都得不到保证，更谈不上发展。所以，通过企业内部各种生产经营活动和管理组织的重新组合以及通过从企业外部获得企业发展所需要的各种资源和专长，培育和发展企业的核心竞争力，是企业重组的最终目的。

企业重组的模式一般有业务重组、资产重组、债务重组、股权重组、人员重组、管理体制重组等。

1. 业务重组

业务重组是指对被改组企业的业务进行划分从而决定哪一部分业务进入上市公司业务的行为。它是企业重组的基础，是其重组的前提。重组时着重划分经营性业务和非经营性业务、盈利性业务和非盈利性业务、主营业务和非主营业务，然后把经营性业务和盈利性业务纳入上市公司业务，剥离非经营性业务和非盈利性业务。

2. 资产重组

资产重组是指对重组企业一定范围内的资产进行分析、整合和优化组合的活动。它是企业重组的核心。

3. 债务重组

债务重组也称负债重组，是指企业的负债通过债务人负债责任转移和负债转变为股权等方式进行重组的行为。

4. 股权重组

股权重组是指对企业股权进行调整的行为，它与其他重组相互关联，甚至同步进行，比如债务重组时债转股。

5. 人员重组

人员重组是指通过减员增效，优化劳动组合，提高劳动生产效率的行为。

6. 管理体制重组

管理体制重组是指修订管理制度，完善企业管理体制，以适应现代企业制度要求的行为。

按照《中华人民共和国公司法》《中华人民共和国企业破产法》及相关的法律法规的规定，企业重组方式主要有以下几种：

1. 企业合并

企业合并是指两个或更多企业组合在一起，所有原有企业都不以法律实体形式存在而建立一个新的公司。如将 A 公司与 B 公司合并成为 C 公司。《中华人民共和国公司法》规定，公司合并可分为吸收合并和新设合并两种形式。一个公司吸收其他公司为吸收合并，被吸收的公司解散，如 A 公司吸收合并 B 公司，B 公司解散注销其全部净资产（含资产、债权、债务及相关人员）转移 A 公司。或者两个以上公司合并设立一个新的公司为新设合并，合并各方解散。

2. 股权收购

股权收购是指一个企业以购买全部或部分股票（或股份）的方式购买了另一企业的全部或部分所有权及相应的资产，股权收购的目标是获得对目标企业的控制权，目标企业的法人地位并不消失。

3. 控股收购

控股收购是指某公司原具有控股地位的股东（通常是该公司最大的股东）由于出售或转让股权，或者股权持有量被他人超过而控股地位旁落的情况。实际上，这也是一种股权收购的行为。

4. 资产收购

资产收购是指一个企业以购买全部或部分资产（或称资产收购）的方式购买另一企业的全部或部分实质经营性资产。相反，被收购企业可以整体资产投资到另一个企业换取被投资企业的股权。

5. 资产剥离

资产剥离指一个企业出售它的下属部门（独立部门或生产线）资产给另一企业的交易。具体说是指企业将其部分闲置的不良资产、无利可图的资产或产品生产线、子公司或部门出售给其他企业以获得现金或股票有价证券。这实际上这也是企业资产收购、企业分立的一种形式。

6. 企业分立

企业分立是指公司将其部分资产分立出去新设一家公司，这家新设公司的全部股份按比例分配给原公司的股东，从而形成两家相互独立的股权结构相同的公司。

7. 债务重整

债务重整是指企业资不抵债发生破产情形时，债务人或者债权人可以依照《中华人民共和国企业破产法》规定，直接向人民法院申请对债务人进行重整。债权人申请对债务人进行破产清算的，在人民法院受理破产申请后、宣告债务人破产前，债务人或者出资额占债务人注册资本十分之一以上的出资人，可以向人民法院申请重整。人民法院经审查认为重整申请符合破产法规定的，应当裁定债务人重整，并予以公告。

8. 破产清算

破产清算指企业法人不能清偿到期债务，并且资产不足以清偿全部债务或者明显缺乏清偿能力的，依照《中华人民共和国企业破产法》规定清理债务的情形。企业改制中的破产，实际上是企业改组的法律程序，也是社会资产重组的形式。

二、重组的税收形式

企业重组在税收法律法规及相关政策上涉及相关的税种主要有企业所得税、增值税、契税、土地增值税和印花税等，但企业重组的税收定义和解释，只在企业所得税中有明确的规定并有对应详细的税收政策，这也是本书后续章节要重点介绍的内容。

《财政部、国家税务总局关于企业重组业务企业所得税处理若干问题的通知》（财税〔2009〕59号）规定，企业重组，是指企业在日常经营活动以外发生的法律结构或经济结构重大改变的交易，包括企业法律形式改变、债务重组、股权收购、资产收购、企业合并、企业分立、非货币性资产投资、资产划转等。

1. 企业法律形式改变

企业法律形式的改变是指企业注册名称、住所以及企业组织形式等的简单改变，但符合本通知规定其他重组的类型除外。

税法规定，企业由法人转变为个人独资企业、合伙企业等非法人组织，或将登记注册地转移至中华人民共和国境外（包括港澳台地区），应视同企业进行清算、分配，股东重新投资成立新企业。企业的全部资产以及股东投资的计税基础均应以公允价值为基础确定。企业发生其他法律形式简单改变的，可直接变更税务登记，除另有规定外，有关企业所得税纳税事项（包括亏损结转、税收优惠等权益和义务）由变更后企业承继，但因住所发生变化而不符合税收优惠条件的除外。

2. 债务重组

债务重组是指在债务人发生财务困难的情况下，债权人按照其与债务人达成的书面协议或者法院裁定书，就债务人的债务做出让步的事项。

3. 股权收购

股权收购是指一家企业（以下称为"收购企业"）购买另一家企业的股权，以实现对被收购企业控制的交易。收购企业支付对价的形式包括股权支付、非股权支付或两者的组合。

4. 资产收购

资产收购是指一家企业（以下称为"受让企业"）购买另一家企业实质经营性资产的交易。受让企业支付对价的形式包括股权支付、非股权支付或两者的组合。

5. 企业合并

企业合并是指一家或多家企业（以下称为"被合并企业"）将其全部资产和负债转让给另一家现存或新设企业（以下称为"合并企业"），被合并企业股东换取合并企业的股权或非股权支付，实现两个或两个以上企业的依法合并。

6. 企业分立

企业分立是指一家企业（以下称为"被分立企业"）将部分或全部资产分离转让给现存或新设的企业（以下称为"分立企业"），被分立企业股东换取分立企业的股权或非股权支付，实现企业的依法分立。

上述股权支付，是指企业重组中购买、换取资产的一方支付的对价中，以本企业或其控股企业的股权、股份作为支付的形式。控股企业，是指由本企业直接持有股份的企业。所称非股权支付，是指以本企业的现金、银行存款、应收款项、本企业或其控股企业股权和股份以外的有价证券、存货、固定资产、其他资产以及承担债务等作为支付的形式。

企业重组中，因涉及企业资产或股权的转移，获得资产或股权一方必然会有对价的支付。对价的支付有三种方式，一是股权支付；二是非股权支付；三是股权和非股权同时支付。支付的方式不同，重组的企业所得税政策也是不同的。

7. 非货币性资产投资

《财政部、国家税务总局关于非货币性资产投资企业所得税政策问题的通知》（财税〔2014〕116号）规定，非货币性资产投资，限于以非货币性资产出资设立新的居民企业，或将非货币性资产注入现存的居民企业。非货币性资产，是指现金、银行存款、应收账款、应收票据以及准备持有至到期的债券投资等货币性资产以外的资产。

8. 资产划转

《财政部、国家税务总局关于促进企业重组有关企业所得税处理问题的通知》（财税〔2014〕109号）规定，资产划转，是指对100%直接控制的居民企业之间，以及受同一或相同多家居民企业100%直接控制的居民企业之间按账面净值划转股权或资产。

第二章

债务重组的财税规划

　　债务重组是指债权人按照其与债务人达成的协议或法院的裁决同意债务人修改债务条件的事项。企业在市场经济激烈竞争的情况下，可能会出现暂时财务困难，甚至会出现经营失败，导致难以偿还债务的问题。在此情况下，债权人与债务人之间会对债权及债务进行重新协商处理，改变债权债务的偿还和支付方式。在处理债务过程中，将会涉及资产和股权的转移问题和税收问题。本章主要介绍债务重组过程中资产及股权的税收处理问题，并分析其税收规划的效应。

第一节　债务重组及会计处理

　　关于债务重组及相关的会计处理，《企业会计准则第12号——债务重组（2006）》（财会〔2006〕3号）规定，债务重组，是指在债务人发生财务困难的情况下，债权人按照其与债务人达成的协议或者法院的裁定作出让步的事项。债务重组的方式主要包括：（1）以资产清偿债务；（2）将债务转为资本；（3）修改其他债

务条件，如减少债务本金、减少债务利息等，不包括上述（1）和
（2）两种方式；（4）以上三种方式的组合等。

自2019年6月17日起，企业债务重组实行新的《企业会计准
则第12号——债务重组》（财会〔2019〕9号），财政部原印发的
《企业会计准则第12号——债务重组》（财会〔2006〕3号）同时
废止。新准则规定，债务重组，是指在不改变交易对手方的情况
下，经债权人和债务人协定或法院裁定，就清偿债务的时间、金额
或方式等重新达成协议的交易。债务重组一般包括下列方式，或下
列一种以上方式的组合：一是债务人以资产清偿债务；二是债务人
将债务转为权益工具；三是除上述第一项和第二项以外，采用调整
债务本金、改变债务利息、变更还款期限等方式修改债权和债务的
其他条款，形成重组债权和重组债务。

新准则债务重组概念与原准则相比，不再强调债权人是否让
步的交易事项，但事实上大部分债务重组，债权人是会有一定的让
步，也就是说在债务重组中债权人一般会存在一些损失。

一、债权人会计处理

根据新准则规定，债权人的会计处理主要如下：

1. 以资产清偿债务或者将债务转为权益工具方式进行债务重
组的，债权人应当在相关资产符合其定义和确认条件时予以确认。

2. 以资产清偿债务方式进行债务重组的，债权人初始确认受
让的金融资产以外的资产时，应当按照下列原则以成本计量。

（1）存货的成本，包括放弃债权的公允价值和使该资产达到
当前位置和状态所发生的可直接归属于该资产的税金、运输费、装
卸费、保险费等其他成本。

（2）对联营企业或合营企业投资的成本，包括放弃债权的公

允价值和可直接归属于该资产的税金等其他成本。

（3）投资性房地产的成本，包括放弃债权的公允价值和可直接归属于该资产的税金等其他成本。

（4）固定资产的成本，包括放弃债权的公允价值和使该资产达到预定可使用状态前所发生的可直接归属于该资产的税金、运输费、装卸费、安装费、专业人员服务费等其他成本。

（5）生物资产的成本，包括放弃债权的公允价值和可直接归属于该资产的税金、运输费、保险费等其他成本。

（6）无形资产的成本，包括放弃债权的公允价值和可直接归属于使该资产达到预定用途所发生的税金等其他成本。

上述放弃债权的公允价值与账面价值之间的差额，应当计入当期损益。

3. 将债务转为权益工具方式进行债务重组导致债权人将债权转为对联营企业或合营企业的权益性投资的，债权人应当按照上述第2点的规定计量其初始投资成本。放弃债权的公允价值与账面价值之间的差额，应当计入当期损益。

4. 采用修改其他条款方式进行债务重组的，债权人应当按照《企业会计准则第22号——金融工具确认和计量》的规定，确认和计量重组债权。

5. 以多项资产清偿债务或者组合方式进行债务重组的，债权人应当首先按照《企业会计准则第22号——金融工具确认和计量》的规定确认和计量受让的金融资产和重组债权，然后按照受让的金融资产以外的各项资产的公允价值比例，对放弃债权的公允价值扣除受让金融资产和重组债权确认金额后的净额进行分配，并以此为基础按照本准则的规定分别确定各项资产的成本。放弃债权的公允价值与账面价值之间的差额，应当计入当期损益。

【举例】202×年2月10日，乙公司销售一批材料给甲公司，应收账款100 000元，合同约定6个月后结清款项。6个月后，由于甲公司发生财务困难，无法支付货款，与乙公司协商进行债务重组。经双方协议，乙公司同意甲公司以其股权抵偿该账款。乙公司对该项应收账款计提了坏账准备5 000元，该项应收账款评估公允价值为80 000元。假设转账后甲公司注册资本为5 000 000元，净资产公允价值为7 600 000元，抵债股权占甲公司注册资本的1%。相关手续已经办理完毕。假设不考虑其他税费。

债权人乙公司的会计处理如下：

分析：重组债权应收账款的账面余额100 000元，已计提坏账准备5 000元，重组时应收款公允价值为80 000元。股权的公允价值为76 000元（7 600 000×1%）。

会计处理：

借：长期股权投资——甲公司　　　80 000

　　坏账准备　　　　　　　　　　 5 000

　　投资收益　　　　　　　　　　15 000

　　贷：应收账款——甲公司　　　　　　100 000

新债务重组准则中债权人的会计处理与原准则相比，主要有以下变化：

（1）以资产清偿债务时，原准则债权人确认受让资产模式采用"出售交易模式"，新准则将债权人确认受让资产模式改为"购买交易模式"。"出售交易模式"是以收到对价公允价值为基础确认，"购买交易模式"则是以支付对价公允价值为基础进行确认。在新债务重组准则下，按照"购买交易模式"，债权人对债务重组换入资产的初始成本，应当以放弃债权的公允价值加上直接相关费用进行计量，与一般购买资产的初始计量原则一致。

（2）新准则澄清其规范的债务工具转为权益工具，仅包括将债务工具转为联营或合营企业权益性投资的交易。根据新准则规定，债务工具转为联营或合营企业投资，也按照"购买交易模式"进行处理，应以放弃债权的公允价值加上直接相关费用作为转入联营或合营企业的投资成本。

（3）新准则删除修改条款涉及或有应收金额相关规定。由于债权人持有债权工具属于金融工具准则范围，相关或有应收金额应按金融工具确认和计量准则相关规定进行处理。

（4）新准则明确以多项资产清偿债务或组合方式进行债务重组时各项资产初始成本的分摊原则。以多项资产清偿债务或组合方式进行债务重组，首先应按金融工具准则规定确定所受让金融资产（包括现金）价值，然后将放弃债权公允价值扣除金融资产价值后的余额，向其他资产分配。

二、债务人的会计处理

根据新准则规定，债务人的会计处理主要如下：

1. 以资产清偿债务方式进行债务重组的，债务人应当在相关资产和所清偿债务符合终止确认条件时予以终止确认，所清偿债务账面价值与转让资产账面价值之间的差额计入当期损益。

2. 将债务转为权益工具方式进行债务重组的，债务人应当在所清偿债务符合终止确认条件时予以终止确认。债务人初始确认权益工具时应当按照权益工具的公允价值计量，权益工具的公允价值不能可靠计量的，应当按照所清偿债务的公允价值计量。所清偿债务账面价值与权益工具确认金额之间的差额，应当计入当期损益。

3. 采用修改其他条款方式进行债务重组的，债务人应当按照《企业会计准则第22号——金融工具确认和计量》和《企业会计准则第37号——金融工具列报》的规定，确认和计量重组债务。

4. 以多项资产清偿债务或者组合方式进行债务重组的，债务人应当按照上述第2~3点规定确认和计量权益工具和重组债务，所清偿债务的账面价值与转让资产的账面价值以及权益工具和重组债务的确认金额之和的差额，应当计入当期损益。

【举例】202×年2月10日，乙公司销售一批材料给甲公司，应收账款100 000元，合同约定6个月后结清款项。6个月后，由于甲公司发生财务困难，无法支付货款，与乙公司协商进行债务重组。经双方协议，乙公司同意甲公司以其股权抵偿该账款。乙公司对该项应收账款计提了坏账准备5 000元。假设转账后甲公司注册资本为5 000 000元，净资产公允价值为7 600 000元，抵债股权占甲公司注册资本的1%。相关手续已经办理完毕。假设不考虑其他税费。

债务人甲公司的会计处理如下：

分析：如股权的公允价值76 000元（7 600 000×1%），公允价值76 000元与实收资本50 000元（5 000 000×1%）的差额26 000元作为资本公积。

会计处理如下：

借：应付账款——乙公司　　　　　　　　100 000

　　贷：实收资本　　　　　　　　　　　　50 000

　　　　资本公积——资本溢价　　　　　　26 000

　　　　营业外收入　　　　　　　　　　　24 000

新债务重组准则中债务人的会计处理与原准则相比，主要有以下变化：

1. 在以资产清偿债务情况下，债务重组损益以清偿债务账面价值和转让资产账面价值确定，不涉及公允价值计量。在原准则下，以非现金资产清偿债务的，债务人应当将重组债务的账面价值与转让的非现金资产公允价值之间的差额，计入当期损益。

2. 与资产清偿债务不同，将债务转为权益工具，涉及公允价值计量。即债务人初始确认权益工具，首选权益工具公允价值，权益工具公允价值无法可靠计量的，再以清偿债务公允价值计量。

3. 与债权人的处理相对应，由于债务人持有债务工具属于金融工具准则范围，相关或有支付应按金融工具列报准则相关规定进行处理。

4. 以多项资产清偿债务或组合方式进行债务重组，应分别按新准则确定权益工具价值及所转让资产账面价值，相应确认债务重组损益。此时，债务人首先应确定权益工具的公允价值，其余资产按账面价值结转。

三、税收债务重组

债务重组中，不仅涉及金融资产的变化，还会涉及抵债的股权、货物、无形资产、不动产等相关资产所有权的转移，因此，除企业所得税外，也会涉及增值税、消费税、土地增值税、契税、印花税等税收。

（一）增值税和消费税

按照增值税、消费税税收政策规定，债务人以存货、机器设备、不动产及无形资产、劳务等实物资产或服务抵偿债务的，不仅要按规定作债务重组的会计处理，还要按规定申报缴纳增值税或消费税，也要作相关税费缴纳的处理。具体涉税处理如下：

1. 抵债转让的货物、不动产、无形资产、劳务等，按视同销售处理，要正确的计算计税收入额。有销售额的按规定的销售额计算增值税，没有销售额的或销售额明显偏低且无正当理由的，要按税法规定进行调整，按合理调整后的销售额申报缴纳增值税。如发生转让金融商品抵债的，纳税人销售金融商品也要按规定缴纳增值税。如债务重组中涉及应收款项利息收入的，利息收入要申报缴纳增值税。

2. 转让的货物如属于应缴纳消费税产品的，属于从价计征的应按同类产品的最高销售价申报缴纳消费税；属于从量计征的，按移送数量及适用税额计算缴纳消费税。

（二）土地增值税

按照土地增值税政策规定，纳税人转让国有土地使用权、地面建筑及其附着物发生增值的，要按照规定缴纳土地增值税。这种情况主要发生在债务人以自己的不动产来抵偿所欠债权人债务的情况下，因不动产的所有权发生转移抵债产生了收入，纳税人应按规定申报缴纳土地增值税。如不动产抵债中计税价格明显偏低且无正当理由的，要按照评估价格计算缴纳土地增值税。

（三）契税

债务重组中，债务人以自己的不动产来抵偿所欠债权人债务的情况下，债权人取得的土地使用权和房屋，也要按规定申报缴纳契税。但作为债权人承接破产企业的土地使用权和房屋的，可以按规定享受免征契税的优惠政策。

《财政部、国家税务总局关于继续支持企业事业单位改制重组有关契税政策的通知》（财税〔2018〕17号）第五条规定，企业依照有关法律法规规定实施破产，债权人（包括破产企业职工）承受破产企业抵偿债务的土地、房屋权属，免征契税；对非债权人承受破产企业土地、房屋权属，凡按照《中华人民共和国劳动法》等国家有关法律法规政策妥善安置原企业全部职工规定，与原企业全部职工签订服务年限不少于三年的劳动用工合同的，对其承受所购企业土地、房屋权属，免征契税；与原企业超过30%的职工签订服务年限不少于三年的劳动用工合同的，减半征收契税。本通知自2018年1月1日起至2020年12月31日执行。该项政策是接力文件，2021年1月1日后，可期待关注后续文件。

（四）印花税

根据印花税相关政策规定，凡书立购销合同、产权转移书据的，立合同人、立书据人均是印花税的纳税人，要按规定申报缴纳印花税。因此，除经法院裁定而发生的债务重组外，无论发生哪种债务重组方式，都要经过债务人、债权人按照一定的程序，并最终签订债务重组的书面协议。而这种债务重组协议，依债务重组方式的不同，要么属于购销合同的范围，如以存货、机器设备等实物抵债的协议；要么属于财产权属转移的书据范围，如以专利权等无形资产抵债协议或以债务转为资本的协议；要么是兼有购销合同性质又兼有财产权属转移性质的书面协议。所以，只要不是经过法院裁定，而是债权人、债务人双方签订书面协议的上述债务重组，其债权人、债务人均应按规定的税率申报缴纳印花税。

（五）企业所得税

税收上债务重组，企业所得税是个重点，并有特别的相关政策规定。《财政部、国家税务总局关于企业重组业务企业所得税处理若干问题的通知》（财税〔2009〕59号）规定，债务重组，是指在债务人发生财务困难的情况下，债权人按照其与债务人达成的书面协议或者法院裁定书，就其债务人的债务做出让步的事项。

在企业所得税处理方面，根据财税〔2009〕59号规定，债权人可以按规定确认债务重组损失，债务人应确认债务重组所得，依法缴纳企业所得税。具体可分为一般性税务处理和特殊性税务处理两种处理方式，但要求同一重组业务的当事各方应采取一致税务处理原则，即统一选择一般性税务处理或特殊性税务处理。

第二节 一般性债务重组的税收处理

一、一般性税务处理

债务重组企业所得税的一般性税务处理，实际上就是要求债务人确认债务重组所得，所得在当期确认。如果涉及用资产抵偿债务的，抵债资产同时还要按视同销售处理，确认销售所得。而对于债权人，允许确认债务重组损失，其损失可以作为资产损失按规定申报后税前扣除，相关资料留存备查。

《财政部、国家税务总局关于企业重组业务企业所得税处理若干问题的通知》（财税〔2009〕59号）第四条第（四）项规定，企业债务重组，除符合本通知规定适用特殊性税务处理规定的外，相关交易应按以下规定处理。

（1）以非货币资产清偿债务，应当分解为转让相关非货币性资产、按非货币性资产公允价值清偿债务两项业务，确认相关资产的所得或损失。

（2）发生债权转股权的，应当分解为债务清偿和股权投资两项业务，确认有关债务清偿所得或损失。

（3）债务人应当按照支付的债务清偿额低于债务计税基础的差额，确认债务重组所得；债权人应当按照收到的债务清偿额低于债权计税基础的差额，确认债务重组损失。

（4）债务人的相关所得税纳税事项原则上保持不变。

政策分析：

（1）债务方企业以物抵债，抵债资产所有权属发生转移，税收上分解为：先将抵债货物视同销售处理，确认销售所得；再按含税销售额抵偿债务，含税销售额与债务额之间的差额确认为债务重组所得，债权方企业确认为损失。

（2）债权方的债权转为股权的，分解为债务人先还款（投资额）给债权人，债权人将收到的款再投资处理。先还款（投资额）低于债权金额的，差额部分确认重组损失，对方确认为所得。再投资行为按还款金额确认投资成本。

（3）债务重组双方的其他所得税事项与此无关，不用考虑调整问题。

（一）债转股债务重组实务

【举例1】202×年2月10日，乙公司销售一批材料给甲公司，应收账款100 000元，合同约定6个月后结清款项。6个月后，由于甲公司发生财务困难，无法支付货款，与乙公司协商进行债务重组。经双方协议，乙公司同意甲公司以其股权抵偿该账款。乙公司对该项应收账款计提了坏账准备5 000元，该项应收账款评估公允价值为80 000元。假设转账后甲公司注册资本为5 000 000元，净资产公允价值为7 600 000元，抵债股权占甲公司注册资本的1%。相关手续已经办理完毕。假设不考虑其他税费。

1. 债权人乙公司的会计处理

分析：重组债权应收账款的账面余额100 000元，已计提坏账准备5 000元，重组时应收款公允价值为80 000元。股权的公允价值76 000元（7 600 000×1%）。

会计处理如下：

借：长期股权投资——甲公司　　　　80 000

　　坏账准备　　　　　　　　　　　 5 000

　　投资收益　　　　　　　　　　　15 000

　　贷：应收账款——甲公司　　　　　　 100 000

2. 债务人甲公司的会计处理

分析：如股权的公允价值76 000元（7 600 000×1%），公允价值76 000元与实收资本50 000元（5 000 000×1%）的差额26 000元作为资本公积。

会计处理如下：

借：应付账款——乙公司　　　　100 000
　　贷：实收资本　　　　　　　　50 000
　　　　资本公积——资本溢价　　26 000
　　　　投资收益——债务重组损失　24 000

3. 税收分析处理

（1）债权人分析。债权人乙公司应收款应收款100 000元，计提坏账准备5 000元不允许税前扣除（假如纳税申报已调增应纳税所得额），计税基础还是100 000元。债务重组债转股后，获得一项长期投资资产，公允价值为76 000元。

因此，税收上确认为先收款76 000元，发生债务重组损失24 000元；再以76 000元投资债务人甲公司获得对方1%的股权投资份额，该份额公允价值与76 000元金额相等，再投资行为无所得和损失。当期会计处理上发生投资损失15 000元，税务上确认损失24 000元。

（2）债务人分析。债务人应支付款金额为100 000元，发生债务重组债转股后，认可对方债权100 000元转为本公司1%的股权。重组转账后本公司公允价值为7 600 000元，1%股权公允价值为76 000元。

该项重组税务上分解为：一是本公司先还款76 000元给债权人乙公司，抵消100 000元债务，公司获得重组所得24 000元。二是对方再以76 000元投入本公司，按正常投资计算给予对方1%的股份，该项投资行为未产生所得和损失。当期本公司款及处理发生收益24 000元，与税务确认重组所得金额相等，不进行纳税调整。

（二）存货清偿债务实务

【举例2】202×年2月10日，乙公司销售一批材料给甲公司，应收账款700 000元，合同约定6个月后结清款项。6个月后，由于甲公司发生财务困难，无法支付货款，与乙公司协商进行债务重组。经双方协议，乙公司同意甲公司以其库存商品抵偿该账款。乙公司未对该项应收账款计提坏账准备，重组时应收款评估公允价值为600 000元。甲公司该批商品成本为400 000元，不含税价值为500 000元。假设不考虑增值税外的其他税费。

1. 债权人乙公司会计处理

借：原材料   535 000（600 000–65 000）

  应交税费——应交增值税（进项税额） 65 000

  投资收益——债务重组损失 100 000

   贷：应收账款——甲公司   700 000

2. 债务人甲公司的会计处理

借：应付账款——乙公司   700 000

   贷：应交税费——应交增值税（销项税额） 65 000

    库存商品   400 000

    资产处置收益   235 000

3. 税收分析处理

（1）债权人乙公司应收账款为700 000元，实际收到非货币性资产为565 000元（价税合计金额），少收款135 000元，应确认为债务重组损失135 000元，可以作为资产损失（坏账损失）按规定税前扣除。同时，收到的原材料资产可按500 000元作为该项资产的计税基础。会计处理损失100 000元，应在年度汇算清缴时申报调减应纳税所得额35 000元，相关资料留存备查。

（2）此项债务重组事项是债务人甲公司以非货币性资产清偿债务，税收上应分解为销售商品实现所得100 000元（500 000-400 000）。同时，按销售实现的收入565 000元抵偿700 000元债务，实现债务重组所得135 000元（700 000-565 000），合计确认所得235 000元，计入甲公司当期应纳税所得额按规定申报缴纳企业所得税。会计处理确认处置收益235 000元与税收确认所得额一致，无需纳税调整。

二、一般性税务处理报备管理

在债务重组的一般性税务处理征收管理方面，企业应按照以下政策文件处理：

1. 《企业重组业务企业所得税管理办法》（国家税务总局公告2010年第4号）第十一条规定，企业发生一般性税务处理的债务重组，应准备以下相关资料，以备税务机关检查：（1）以非货币资产清偿债务的，应保留当事各方签订的清偿债务的协议或合同，以及非货币资产公允价格确认的合法证据等；（2）债权转股权的，应保留当事各方签订的债权转股权协议或合同。

2. 《国家税务总局关于企业重组业务企业所得税征收管理若干问题的公告》（国家税务总局公告2015年第48号）规定，按照重组类型，企业重组的当事各方是指：债务重组中当事各方，指债务人、债权人。债务重组，主导方为债务人。财税〔2009〕59号文件第十一条所称重组业务完成当年，是指重组日所属的企业所得税纳税年度。企业重组日的确定，债务重组，以债务重组合同（协议）或法院裁定书生效日为重组日。

3. 发生债务重组损失税前扣除的，应按国家税务总局关于发布《企业资产损失所得税税前扣除管理办法》（国家税务总局公告

2011年第25号）的公告规定办理，企业实际资产损失，应当在其实际发生且会计上已作损失处理的年度申报扣除。企业发生的资产损失，应按规定的程序和要求向主管税务机关申报后方能在税前扣除。未经申报的损失，不得在税前扣除。企业以前年度发生的资产损失未能在当年税前扣除的，可以按照本办法的规定，向税务机关说明并进行专项申报扣除。其中，属于实际资产损失，准予追补至该项损失发生年度扣除，其追补确认期限一般不得超过五年，企业因以前年度实际资产损失未在税前扣除而多缴的企业所得税税款，可在追补确认年度企业所得税应纳税款中予以抵扣，不足抵扣的，向以后年度递延抵扣。企业实际资产损失发生年度扣除追补确认的损失后出现亏损的，应先调整资产损失发生年度的亏损额，再按弥补亏损的原则计算以后年度多缴的企业所得税税款，并按上述办法进行税务处理。

企业应收及预付款项坏账损失应依据以下相关证据材料确认：（1）相关事项合同、协议或说明；（2）属于债务人破产清算的，应有人民法院的破产、清算公告；（3）属于诉讼案件的，应出具人民法院的判决书或裁决书或仲裁机构的仲裁书，或者被法院裁定终（中）止执行的法律文书；（4）属于债务人停止营业的，应有工商部门注销、吊销营业执照证明；（5）属于债务人死亡、失踪的，应有公安机关等有关部门对债务人个人的死亡、失踪证明；（6）属于债务重组的，应有债务重组协议及其债务人重组收益纳税情况说明；（7）属于自然灾害、战争等不可抗力而无法收回的，应有债务人受灾情况说明以及放弃债权申明。因此，发生债务重组损失的，主要应提供债务重组协议及其相关证明。

4.《国家税务总局关于企业所得税资产损失资料留存备查有关事项的公告》（国家税务总局公告2018年第15号）规定，企业向税务机关申报扣除资产损失，仅需填报企业所得税年度纳税申报表《资产损失税前扣除及纳税调整明细表》，不再报送资产损失相关资料。相关资料由企业留存备查。企业应当完整保存资产损失相关资料，保证资料的真实性、合法性。《国家税务总局关于发布〈企业资产损失所得税税前扣除管理办法〉的公告》（国家税务总局公告2011年第25号）第四条、第七条、第八条、第十三条有关资产损失证据资料、会计核算资料、纳税资料等相关资料报送的内容同时废止。

第三节　特殊性债务重组的税收处理

债务重组的特殊性税务处理，与一般性债务重组税务处理不同，一般性税务处理债务人需要确认重组所得，缴纳企业所得税。同时，债权人也允许确认债务重组损失。而特殊性税务处理，对债务人的重组所得可以递延纳税，或者重组双方均可选择不确认重组所得或损失。

一、特殊性税务处理

企业债务重组选择特殊性税务处理，需要符合一定的条件。《财政部、国家税务总局关于企业重组业务企业所得税处理若干问题的通知》（财税〔2009〕59号）第五条规定，企业重组同时符合下列条件的，适用特殊性税务处理。

（1）具有合理的商业目的，且不以减少、免除或者推迟缴纳税款为主要目的。

（2）被收购、合并或分立部分的资产或股权比例符合本通知规定的比例。

（3）企业重组后的连续12个月内不改变重组资产原来的实质性经营活动。

（4）重组交易对价中涉及股权支付金额符合本通知规定比例。

（5）企业重组中取得股权支付的原主要股东，在重组后连续12个月内，不得转让所取得的股权。

适用上述第（3）项和第（5）项的当事各方应在完成重组业务后的下一年度的企业所得税年度申报时，向主管税务机关提交书面情况说明，以证明企业在重组后的连续12个月内，有关符合特殊性税务处理的条件未发生改变。

具体到企业债务重组特殊性税务处理方面，文件规定，一是企业债务重组确认的应纳税所得额占该企业当年应纳税所得额50%以上，可以在5个纳税年度的期间内，均匀计入各年度的应纳税所得额。二是企业发生债权转股权业务，对债务清偿和股权投资两项业务暂不确认有关债务清偿所得或损失，股权投资的计税基础以原债权的计税基础确定。

政策分析：

1. 债务重组产生的所得，主要是减少债务人的应付债务支出，并没有产生相应的资金流入，如果债务重组所得金额较大占企业当年度应纳税所得额50%以上的，纳税资金会有一定的困难，所以，政策上允许债务人选择递延五年纳税，将其重组确认的应纳税所得额均匀计入5个纳税年度内计算缴纳企业所得税。

2. 如果为债转股的债务重组，税务处理上分解为先偿债，再用偿债金额投资入股两个环节。在偿债环节时，债务人可不确认所得，债权人也不确认损失。同时，为了不影响债权人的利益，允许债权人将清偿环节的债务重组损失金额，增加到后一个投资环节的计税成本中去，即债权人股权投资的计税基础以原债权的计税基础确定。

（一）债转股债务重组实务

【举例1】202×年2月10日，乙公司销售一批材料给甲公司，应收账款100 000元，合同约定6个月后结清款项。6个月后，由于甲公司发生财务困难，无法支付货款，与乙公司协商进行债务重组。经双方协议，乙公司同意甲公司以其股权抵偿该账款。乙公司对该项应收账款计提了坏账准备5 000元，该项应收账款评估公允价值为80 000元。假设转账后甲公司注册资本为5 000 000元，净资产公允价值为7 600 000元，抵债股权占甲公司注册资本的1%。相关手续已经办理完毕。假设不考虑其他税费。

1. 债权人乙公司的会计处理

分析：重组债权应收账款的账面余额100 000元，已计提坏账准备5 000元，重组时应收款公允价值为80 000元。股权的公允价值76 000元（7 600 000 × 1%）。

会计处理：

借：长期股权投资——甲公司　　　80 000

　　坏账准备　　　　　　　　　　5 000

　　投资收益　　　　　　　　　　15 000

　　　贷：应收账款——甲公司　　　　　100 000

2. 债务人甲公司的会计处理

分析：如股权的公允价值76 000元（7 600 000 × 1%），公允价值76 000元与实收资本50 000元（5 000 000 × 1%）的差额26 000元作为资本公积。

会计处理：

借：应付账款——乙公司　　　　100 000

　　贷：实收资本　　　　　　　　50 000

　　资本公积——资本溢价　　　　26 000

　　投资收益——债务重组损失　　24 000

3. 税收分析处理

（1）债权人分析。债权人乙公司应收款100 000元，计提坏账准备5 000元不允许税前扣除（假如纳税申报已调增应纳税所得额），计税基础还是100 000元。债务重组债转股后，获得一项长期投资资产，公允价值为76 000元，如双方选择一般性税务处理，税收上确认债务重组损失24 000元。

（2）债务人分析。债务人甲公司应付款金额为100 000元，发生债务重组债转股后，认可对方债权100 000元转为本公司1%的股权，公允价值为76 000元。如双方选择一般性税务处理，该项重组税务确认重组所得24 000元。

（3）如符合特殊性税务处理条件且双方统一选择特殊性税务处理，企业所得税可以选择两种方式处理：一是债务人甲公司将24 000元重组所得均匀计入5个纳税年度内，每年确认重组所得4 800元（24 000/5）；债权人乙公司确认重组损失24 000元。二是债务人甲公司不确认重组所得24 000元；债权人乙公司不确认重组损失24 000元，但重组后乙公司持有的股权投资计税成本是100 000元。乙公司将来处置或转让股权时，允许按100 000元作为计税基础扣除。

（二）存货清偿债务实务

【举例2】202×年2月10日，乙公司销售一批材料给甲公司，应收账款700 000元，合同约定6个月后结清款项。6个月后，由于甲公司发生财务困难，无法支付货款，与乙公司协商进行债务重组。经双方协议，乙公司同意甲公司以其库存商品抵偿该账款。乙公司未对该项应收账款计提坏账准备，重组时应收款评估公允价值为600 000元。甲公司该批商品成本为400 000元，不含税价值为500 000元。假设不考虑增值税外的其他税费。

1. 债权人乙公司会计处理

借：原材料　　　　　　　　535 000（600 000–65 000）

　　应交税费——应交增值税（进项税额）　65 000

　　投资收益——债务重组损失　　100 000

　　贷：应收账款——甲公司　　　　　　700 000

2. 债务人甲公司的会计处理

借：应付账款——乙公司　　　　　　700 000

　　贷：应交税费——应交增值税（销项税额）　　65 000

　　　　库存商品　　　　　　　　　　400 000

　　　　资产处置收益　　　　　　　　235 000

3. 税收分析处理

（1）债权人乙公司应收账款为700 000元，实际收到非货币性资产为565 000元（价税合计金额），少收款135 000元，应确认为债务重组损失135 000元，如双方选择一般性税务处理，可以按规定税前扣除。

（2）债务人甲公司以非货币性资产清偿债务，税收上应分解为销售商品实现所得100 000元（500 000–400 000）。同时，按销售实现的收入565 000元抵偿700 000元债务，实现债务重组所得135 000元（700 000–565 000），合计确认所得235 000元。如双方选择一般性税务处理，甲公司除确认销售所得100 000元外，还应确认债务重组所得135 000元。

（3）如符合特殊性税务处理条件且双方统一选择特殊性税务处理，企业所得税只可以选择以下一种方式处理：债务人甲公司正常确认商品销售所得100 000元，债务重组所得135 000元可以均匀计入5个纳税年度内，每年确认重组所得27 000元（135 000/5）；债权人乙公司确认重组损失135 000元。

此外，《财政部、国家税务总局关于企业重组业务企业所得税处理若干问题的通知》（财税〔2009〕59号）第六条第（六）项规定，重组交易各方按规定对交易中股权支付暂不确认有关资产的转让所得或损失的，其非股权支付仍应在交易当期确认相应的资产转让所得或损失，并调整相应资产的计税基础。其计算公式为：

非股权支付对应的资产转让所得或损失 =（被转让资产的公允价值 – 被转让资产的计税基础）×（非股权支付金额÷被转让资产的公允价值）

债务重组债权转股权情况下，如债务人同时还有非股权支付金额的，非股权支付部分不可以选择特殊性税务处理的债转股特别规定处理，但可以选择递延五年纳税的特殊性处理，即企业债务重组确认的应纳税所得额占该企业当年应纳税所得额50%以上，可以在5个纳税年度的期间内，均匀计入各年度的应纳税所得额。

二、特殊性税务处理报备管理

企业发生符合财税〔2009〕59号规定的特殊性重组条件并选择特殊性税务处理的，当事各方应在该重组业务完成当年企业所得税年度申报时，向主管税务机关提交书面备案资料，证明其符合各类特殊性重组规定的条件。企业未按规定书面备案的，一律不得按特殊重组业务进行税务处理。

国家税务总局关于发布《企业重组业务企业所得税管理办法》

（国家税务总局公告2010年第4号）的公告规定，企业重组业务，符合税法规定条件并选择特殊性税务处理的，应按照规定进行备案；如企业重组各方需要税务机关确认，可以选择由重组主导方向主管税务机关提出申请，层报省税务机关给予确认。采取申请确认的，主导方和其他当事方不在同一省（自治区、市）的，主导方省税务机关应将确认文件抄送其他当事方所在地省税务机关。省税务机关在收到确认申请时，原则上应在当年度企业所得税汇算清缴前完成确认。特殊情况，需要延长的，应将延长理由告知主导方。

企业发生重组业务，企业在备案或提交确认申请时，应从以下方面说明企业重组具有合理的商业目的。

1. 重组活动的交易方式。即重组活动采取的具体形式、交易背景、交易时间、在交易之前和之后的运作方式和有关的商业常规。

2. 该项交易的形式及实质。即形式上交易所产生的法律权利和责任，也是该项交易的法律后果。另外，交易实际上或商业上产生的最终结果。

3. 重组活动给交易各方税务状况带来的可能变化。

4. 重组各方从交易中获得的财务状况变化。

5. 重组活动是否给交易各方带来了在市场原则下不会产生的异常经济利益或潜在义务。

6. 非居民企业参与重组活动的情况。

企业发生特殊性税务处理规定的债务重组业务，应准备以下资料：

1. 发生债务重组所产生的应纳税所得额占该企业当年应纳税所得额50%以上的，债务重组所得要求在5个纳税年度的期间内，均匀计入各年度应纳税所得额的，应准备以下资料：

（1）当事方的债务重组的总体情况说明（如果采取申请确认

的，应为企业的申请，下同），情况说明中应包括债务重组的商业目的；

（2）当事各方所签订的债务重组合同或协议；

（3）债务重组所产生的应纳税所得额、企业当年应纳税所得额情况说明；

（4）税务机关要求提供的其他资料证明。

2. 发生债权转股权业务，债务人对债务清偿业务暂不确认所得或损失，债权人对股权投资的计税基础以原债权的计税基础确定，应准备以下资料：

（1）当事方的债务重组的总体情况说明。情况说明中应包括债务重组的商业目的；

（2）双方所签订的债转股合同或协议；

（3）企业所转换的股权公允价格证明；

（4）工商部门及有关部门核准相关企业股权变更事项证明材料；

（5）税务机关要求提供的其他资料证明。

若同一项重组业务涉及在连续12个月内分步交易，且跨两个纳税年度，当事各方在第一步交易完成时预计整个交易可以符合特殊性税务处理条件，可以协商一致选择特殊性税务处理的，可在第一步交易完成后，适用特殊性税务处理。主管税务机关在审核有关资料后，符合条件的，可以暂认可适用特殊性税务处理。第二年进行下一步交易后，应准备相关资料确认适用特殊性税务处理。上述跨年度分步交易，若当事方在首个纳税年度不能预计整个交易是否符合特殊性税务处理条件，应适用一般性税务处理。在下一纳税年度全部交易完成后，适用特殊性税务处理的，可以调整上一纳税年度的企业所得税年度申报表，涉及多缴税款的，各主管税务机关应退税，或抵缴当年应纳税款。

《国家税务总局关于企业重组业务企业所得税征收管理若干问题的公告》（国家税务总局公告2015年第48号）进一步明确规定，债务重组中当事各方，指债务人、债权人。债务重组，主导方为债务人。财税〔2009〕59号文件第十一条所称重组业务完成当年，是指重组日所属的企业所得税纳税年度。债务重组，以债务重组合同（协议）或法院裁定书生效日为重组日。企业重组业务适用特殊性税务处理的，重组各方应在该重组业务完成当年，办理企业所得税年度申报时，分别向各自主管税务机关报送《企业重组所得税特殊性税务处理报告表及附表》（略）和申报资料（略）。重组主导方申报后，其他当事方向其主管税务机关办理纳税申报。申报时还应附送重组主导方经主管税务机关受理的《企业重组所得税特殊性税务处理报告表及附表》（复印件）。

该文件同时规定，企业发生财税〔2009〕59号文件第六条第（一）项规定的债务重组，应准确记录应予确认的债务重组所得，并在相应年度的企业所得税汇算清缴时对当年确认额及分年结转额的情况做出说明。主管税务机关应建立台账，对企业每年申报的债务重组所得与台账进行比对分析，加强后续管理。适用特殊性税务处理的企业，在以后年度转让或处置重组资产（股权）时，应在年度纳税申报时对资产（股权）转让所得或损失情况进行专项说明，包括特殊性税务处理时确定的重组资产（股权）计税基础与转让或处置时的计税基础的比对情况，以及递延所得税负债的处理情况等。适用特殊性税务处理的企业，在以后年度转让或处置重组资产（股权）时，主管税务机关应加强评估和检查，将企业特殊性税务处理时确定的重组资产（股权）计税基础与转让或处置时的计税基础及相关的年度纳税申报表比对，发现问题的，应依法进行调整。

上述选择特殊性税务处理涉及需要税务机关备案、审核、确认的事先管理事项，已经全部被国务院取消，《国务院关于第一批取消62项中央指定地方实施行政审批事项的决定》（国发〔2015〕57号）文件规定取消的第34项即"企业符合特殊性税务处理规定条件的业务的核准"，其涉及的文件依据为《财政部、国家税务总局关于企业重组业务企业所得税处理若干问题的通知》（财税〔2009〕59号）和《企业重组业务企业所得税管理办法》（税务总局公告2010年第4号）。随后，国家税务总局下发关于贯彻落实《国务院关于第一批取消62项中央指定地方实施行政审批事项的决定》（税总发〔2015〕141号）的通知文件，要求各级地方税务机关必须认真贯彻执行国务院决定，全面落实取消中央指定地方税务机关实施的行政审批事项，不得以任何形式保留或者变相审批。要及时修改涉及取消中央指定地方税务机关实施行政审批事项的相关规定、表证单书和征管流程，明确取消审批事项后续管理要求。同时，要进一步深入推进简政放权、放管结合、优化服务，加快职能转变，创新管理方式，不断提高税收管理科学化、规范化、法治化水平。因此，审核事项取消后，企业选择特殊性税务处理的，需要积极与当地税务机关沟通，按照税务机关要求，保存好上述相关资料，留存备查。

第四节 债务重组的税收运用规划

债务重组是在债务人发生财务困难的情况下进行的有关债务清偿的重组，因此，对债务人来说，将会产生应税所得。相反，债权人做出让步会产生资产损失，这在企业经济利益方面其利弊是很明显的。在税收规划方面主要应考虑以下问题。

一、选择债务重组时间

债务人如果进行债务重组，将在重组时确认应税重组所得。因此，选择恰当的时候进行重组，在企业所得税方面可以起到明显的抵税效应。如企业有亏损需要及时弥补时，或者当期享受税收优惠政策时，及时进行债务重组并选择一般性税务处理，可以达到计划效果。同样，对于债权人来说，因可以确认重组损失在税前扣除，何时重组，何时确认资产损失，也是应该考虑的。当企业税收负担递增时，如享受过渡期税收优惠政策的企业，税率逐步递增时，延迟重组时间，可以抵减更多的税收；而当享受免税或减半征税政策时，或企业需要延缓纳税资金压力时，及时重组，可以减少当期应缴纳的企业所得税。

按照税收政策规定，重组业务完成当年，是指重组日所属的企业所得税纳税年度。债务重组，以债务重组合同（协议）或法院裁定书生效日为重组日。

二、一般性税务处理和特殊性税务处理选择

债务重组中，如果存在股权支付或债权转股权情形时，按照政策规定可以选择特殊性税务处理，也可以按一般性税务处理，两种税务处理方式必然会有两种缴纳企业所得税结果。因此，如何选择需要综合考虑。

总的说来，当企业认为需要递延纳税时，可以选择特殊性税务处理；当需要确认所得时，应该选择一般性税务处理。递延所得或确认所得要结合企业的实际情况分析，主要考虑税收优惠政策、亏损弥补等因素。但是，债权人与债务人在确认所得或损失方面，其税收利益有时是不对称的，需要双方取得一致的意见。

企业在选择债务重组方式时，也应考虑选择债权转股权方式，

创造条件达到特殊性税务处理要求，因为只有这种方式才存在选择的可能，其他方式只能适合一般性税务处理或递延纳税处理。

三、关联方之间债务重组要符合独立交易原则

关联企业之间债务重组由于存在避税的可能性较大，税务管理一般是相对严格的。尽管2008年后实施的新企业所得税法对此没有特殊的规定，但也要考虑按照独立交易原则进行重组。否则，税务机关将按照企业所得税法和征管法的相关规定进行调查、纳税调整。

《中华人民共和国企业所得税法》第四十一条规定，企业与其关联方之间的业务往来，不符合独立交易原则而减少企业或者其关联方应纳税收入或者所得额的，税务机关有权按照合理方法调整。参考原《企业债务重组业务所得税处理办法》（国家税务总局令第6号）规定，关联方之间发生的含有一方向另一方转移利润的让步条款的债务重组，有合理的经营需要，并符合以下条件之一的，经主管税务机关核准，可以分别按照一般性的债务重组规定进行处理：（1）经法院裁决同意的；（2）有全体债权人同意的协议；（3）经批准的国有企业债转股。不符合上述规定条件的关联方之间的含有让步条款的债务重组，原则上债权人不得确认重组损失，而应当视为捐赠，债务人应当确认捐赠收入；如果债务人是债权人的股东，债权人所作的让步应当推定为企业对股东的分配。

【举例】甲、乙双方为关联企业，甲企业欠乙企业1 300万元债务，经协商进行债务重组，甲企业以库存商品一批抵顶债务，评估价值1 130万元（含税），其他债务免去。债权人乙企业收到的存货公允价值为1 130万元，与债务账面价值1 300万元相比，作出了170万元的让步。债务人少归还债务170万元，获得债务重组收入170万

元。因双方属于关联企业，乙方的170万元让步金额，税收上可视同乙方对甲方的捐赠或投资，由于不属于公益性捐赠，170万元不能在税前扣除。同样，甲方获得的170万元收入，可视为捐赠收入，要纳入当期应纳税所得额缴纳企业所得税。如果甲方是乙方的股东，甲方获得的170万元在会计上确认债务重组收入，税收上将视为税后利润分配（有可供分配的税后利润）或投资的回收（无有可供分配的税后利润），按投资收益进行相应的税收处理。而对于乙方来说，170万元让步金额税收上视为税后分配，因而也不能在税前扣除。

第三章

资产收购（划转）的
财税规划

　　企业在从事生产经营活动时，有时出于竞争或扩大规模经营的考虑，也可以与同行业企业实现资产组合的方式联合经营。这样，一方的资产让渡（划转）给另一方，一则可以直接获取资产增值的利益，二则可以选择投资换取股权，实现风险共担、利益共享的合作经营模式。这就是企业的资产转移收购（划转）行为，对转让方而言，资产换取股权则成为一种投资行为。那么，税收上需要考虑的问题是，资产转让（划转）后，如何缴纳相应的税收，有无税收优惠政策，是否可以递延纳税等，都是本章介绍的内容。

第一节　资产收购形式

　　资产收购相对于被收购方而言就是资产转让，资产转让的形式很多，有直接销售转让、投资转让、整体资产转让或投资、资产划转、分立资产、被合并转移资产等，本节主要介绍的是投资转移资产形式的相关税收政策，资产划转、分立资产、被合并转移资产等相关税收政策将在后续章节介绍。

一、非货币性资产投资

（一）视同销售税收处理

根据公司法规定，企业以非货币性资产投资需要办理资产的过户，投资方的资产所有权要转移至被投资方企业。因此，税收上一般要按销售或视同销售处理。

按照现行增值税政策规定，企业资产的所有权发生转移要按销售处理，需要缴纳增值税。《中华人民共和国增值税暂行条例实施细则》第四条第六项规定，将自产、委托加工或者购进的货物作为投资，提供给其他单位或者个体工商户，视同销售货物。

按照现行土地增值税政策规定，企业重组改制时以土地使用权和不动产投资，不征收土地增值税，但房地产企业例外。《财政部、国家税务总局关于继续实施企业改制重组有关土地增值税政策的通知》（财税〔2018〕57号）规定，单位、个人在改制重组时以房地产作价入股进行投资，对其将房地产转移、变更到被投资的企业，暂不征土地增值税。上述改制重组有关土地增值税政策不适用于房地产转移任意一方为房地产开发企业的情形。该政策执行期限为2018年1月1日至2020年12月31日。2021年1月1日后，可期待后续文件。

按照现行契税政策规定，被投资方接受不动产投资一般要缴纳契税，但母公司投资子公司的可免征契税。《财政部、国家税务总局关于继续支持企业事业单位改制重组有关契税政策的通知》（财税〔2018〕17号）规定，母公司以土地、房屋权属向其全资子公司增资，视同划转，免征契税。该政策执行期限为2018年1月1日至2020年12月31日。2021年1月1日后，可期待后续文件。

按照现行企业所得税政策规定，资产的所有权发生转移要视同销售处理，资产投资获得被投资单位的股权，发生了资产转移至被投资企业，按销售处理。

《中华人民共和国企业所得税法实施条例》第二十五条规定，企业发生非货币性资产交换，以及将货物、财产、劳务用于捐赠、偿债、赞助、集资、广告、样品、职工福利或者利润分配等用途的，应当视同销售货物、转让财产或者提供劳务，但国务院财政、税务主管部门另有规定的除外。

《国家税务总局关于企业处置资产所得税处理问题的通知》（国税函〔2008〕828号）第二条规定，企业将资产移送他人的下列情形，因资产所有权属已发生改变而不属于内部处置资产，应按规定视同销售确定收入：（1）用于市场推广或销售；（2）用于交际应酬；（3）用于职工奖励或福利；（4）用于股息分配；（5）用于对外捐赠；（6）其他改变资产所有权属的用途。

企业资产视同销售时并不一定有销售收入或合理的价格收入，对于视同销售价格确定问题，《企业所得税法实施条例》第三条规定，企业发生本通知第二条视同销售规定情形时，属于企业自制的资产，应按企业同类资产同期对外销售价格确定销售收入；属于外购的资产，可按购入时的价格确定销售收入。考虑到时间对价格的影响，按购入时的价格确定视同销售收入不公允，《国家税务总局关于企业所得税有关问题的公告》（国家税务总局公告2016年第80号）将视同销售价格确定调整为，企业发生《国家税务总局关于企业处置资产所得税处理问题的通知》（国税函〔2008〕828号）第二条规定情形的，除另有规定外，应按照被移送资产的公允价值确定销售收入。

例如，某企业将自己的部分资产用于投资，其中有存货100万元，不动产200万元，存货和不动产的公允价值分别为120万元和300万元，无论存货和不动产购入时的价格是多少，也无论企业会计上如何处理，企业所得税方面，要按这两项资产的公允价值与计税成本的差额确认转让所得，并入企业当期所得计算缴纳企业所得税。

（二）企业所得税递延纳税

非货币性资产投资虽要按视同销售处理，确认资产转让所得，但考虑到投资不能取得现金流，没有产生足够的纳税资金，而且市场经济繁荣发展需要鼓励投资，所以现行的企业所得税政策实行了递延分期纳税政策。

1. 一般非货币性资产投资

《财政部、国家税务总局关于非货币性资产投资企业所得税政策问题的通知》（财税〔2014〕116号）规定，居民企业（以下简称"企业"）以非货币性资产对外投资确认的非货币性资产转让所得，可在不超过5年期限内，分期均匀计入相应年度的应纳税所得额，按规定计算缴纳企业所得税。企业以非货币性资产对外投资，应对非货币性资产进行评估，并按评估后的公允价值扣除计税基础后的余额，计算确认非货币性资产转让所得。企业以非货币性资产对外投资，应于投资协议生效并办理股权登记手续时，确认非货币性资产转让收入的实现。

例如，甲公司于2020年6月以账面价值1 000万元的一项无形资产评估作为5 000万元投资到乙公司，取得乙公司5 000万元的股份。该项无形资产权属转移至乙公司，资产投资视同销售实现所得4 000万元，可以在2020年至2024年每年分别确认所得800万元，按规定计算缴纳企业所得税。

文件规定，企业以非货币性资产对外投资而取得被投资企业的股权，应以非货币性资产的原计税成本为计税基础，加上每年确认的非货币性资产转让所得，逐年进行调整。被投资企业取得非货币性资产的计税基础，应按非货币性资产的公允价值确定。

如上述投资后，2020年确认所得800万元，当年持有乙公司股权投资的税收成本为1 800万元，第二年至第五年分别确认所得800万元，股权投资税收成本也依次为2021年2 600万元、2022年3 400万元、2023年4 200万元、2024年5 000万元。资产增值在企业所得税实现并纳税后，换来资产的计税成本才能增加，体现资产不重复纳税的原则。而对于接受投资的乙公司来说，其支付给投资方的股份为5 000万元，接受该项无形资产投资的税收成本为5 000万元，相当于实际购入资产的历史成本支出。

通知明确，企业在对外投资5年内转让上述股权或投资收回的，应停止执行递延纳税政策，并就递延期内尚未确认的非货币性资产转让所得，在转让股权或投资收回当年的企业所得税年度汇算清缴时，一次性计算缴纳企业所得税；企业在计算股权转让所得时，可按规定将股权的计税基础一次调整到位。企业在对外投资5年内注销的，应停止执行递延纳税政策，并就递延期内尚未确认的非货币性资产转让所得，在注销当年的企业所得税年度汇算清缴时，一次性计算缴纳企业所得税。

如上述投资后，甲公司在2023年初转让其持有的乙公司股权，转让收入为6 000万元，因2020至2022年已累计确认所得2 400万元（800×3），剩余两年尚未确认的所得1 600万元不再递延，本次转让股权当年一次性实现应税所得1 600万元。同时，甲公司转让持有乙公司股权的计税成本直接调整为5 000万元，股权收入6 000万元减除成本5 000万元后，股权转让所得再实现1 000万元。

该通知所称非货币性资产，是指现金、银行存款、应收账款、应收票据以及准备持有至到期的债券投资等货币性资产以外的资产。非货币性资产投资，限于以非货币性资产出资设立新的居民企业，或将非货币性资产注入现存的居民企业。

企业发生非货币性资产投资，符合《财政部、国家税务总局关于企业重组业务企业所得税处理若干问题的通知》（财税〔2009〕59号）等文件规定的特殊性税务处理条件的，也可选择按特殊性税务处理规定执行。

2. 技术成果投资

《财政部、国家税务总局关于完善股权激励和技术入股有关所得税政策的通知》（财税〔2016〕101号）第三条关于"对技术成果投资入股实施选择性税收优惠政策"规定，企业或个人以技术成果投资入股到境内居民企业，被投资企业支付的对价全部为股票（权）的，企业或个人可选择继续按现行有关税收政策执行，也可选择适用递延纳税优惠政策。选择技术成果投资入股递延纳税政策的，经向主管税务机关备案，投资入股当期可暂不纳税，允许递延至转让股权时，按股权转让收入减去技术成果原值和合理税费后的差额计算缴纳所得税。企业或个人选择适用上述任一项政策，均允许被投资企业按技术成果投资入股时的评估值入账并在企业所得税前摊销扣除。

例如，甲公司持有一项成本为100万元的专利技术，评估作价1 000万元投资到乙公司。甲公司该项投资行为既可以选择一次性确认所得900万元，也可以选择将所得900万元均匀递延5年纳税，同时还可以按照财税〔2016〕101号文件规定暂不确认所得。如甲公司选择暂不确认所得，甲公司投资取得乙公司股权的计税成本就为100万元。无论甲公司选择哪一种方式，乙公司收到的该项专利无形资产都按照1 000万元作为计税成本，并按规定摊销，允许税前扣除。

该项政策规定的技术成果，是指专利技术（含国防专利）、计算机软件著作权、集成电路布图设计专有权、植物新品种权、生物医药新品种，以及科技部、财政部、国家税务总局确定的其他技术成果。技术成果投资入股，是指纳税人将技术成果所有权让渡给被投资企业、取得该企业股票（权）的行为。

二、资产收购

资产收购，是指一家企业（以下称为"受让企业"）购买另一家企业（以下称为"转让企业"）实质经营性资产的交易。受让企业支付对价的形式包括股权支付、非股权支付或两者的组合。实质经营性资产，是指企业用于从事生产经营活动、与产生经营收入直接相关的资产，包括经营所用各类资产、企业拥有的商业信息和技术、经营活动产生的应收款项、投资资产等。因此，此中表述的实际性资产不是净资产，不包括负债。

《财政部、国家税务总局关于企业重组业务企业所得税处理若干问题的通知》（财税〔2009〕59号）规定，股权支付，是指企业重组中购买、换取资产的一方支付的对价中，以本企业或其控股企业的股权、股份作为支付的形式，此中的控股企业，是指由本企业直接持有股份的企业。非股权支付，是指以本企业的现金、银行存款、应收款项、本企业或其控股企业股权和股份以外的有价证券、存货、固定资产、其他资产以及承担债务等作为支付的形式。

企业资产收购与上述资产投资的区别在于，上述资产投资视同销售是指部分资产或单项资产的投资行为，而资产收购是指企业的实质经营性资产，可以理解为全部资产或大部分资产。

例如，2005年8月11日，阿里巴巴公司与雅虎公司宣布，阿里巴巴收购雅虎（中国）全部资产，打造中国最大的互联网搜索平台。阿里巴巴收购的雅虎（中国）资产包括雅虎（中国）门户网站，雅虎的搜索技术、通讯和广告业务，以及3721网络实名服务。双方还计划将一拍在线拍卖业务中雅虎的所有部分并入阿里巴巴。阿里巴巴公司将获得领先全球的互联网品牌"雅虎"在中国的无限期独家使用权。同时，雅虎公司与阿里巴巴公司达成战略联盟关系，雅虎成为阿里巴巴公司的股东之一，占到阿里巴巴经济利益股份的40%，拥有35%的投票权。在这一资产收购交易中，雅虎（中国）将自己的全部资产转让给阿里巴巴公司，换取阿里巴巴公司的股权，由原来自己经营互联网业务转为交由他人经营，收取投资收益。那么，这种整体资产的收购行为或说是投资行为，与部分或单项资产的投资行为在企业所得税方面是否有区别呢？

在增值税方面，企业无论是单项资产投资，还是全部整体资产投资，税收政策是相同的，即货物、不动产和无形资产所有权发生转移的，都要缴纳增值税，但与资产相关的债权债务和劳动力一并发生转移的，货物、不动产和土地使用权等所有权发生转移不征收增值税。

《国家税务总局关于纳税人资产重组有关增值税问题的公告》（国家税务总局公告2011年第13号）规定，纳税人在资产重组过程中，通过合并、分立、出售、置换等方式，将全部或者部分实物资产以及与其相关联的债权、负债和劳动力一并转让给其他单位和个人，不属于增值税的征税范围，其中涉及的货物转让，不征收增值税。

《国家税务总局关于纳税人资产重组有关增值税问题的公告》（国家税务总局公告2013年第66号）规定，纳税人在资产重组过程中，通过合并、分立、出售、置换等方式，将全部或者部分实物资产以及与其相关联的债权、负债经多次转让后，最终的受让方与劳动力接收方为同一单位和个人的，其中货物的多次转让行为均不征收增值税。资产的出让方需将资产重组方案等文件资料报其主管税务机关。

《营业税改征增值税试点有关事项的规定》（财税〔2016〕36号附件2）规定，在资产重组过程中，通过合并、分立、出售、置换等方式，将全部或者部分实物资产以及与其相关联的债权、负债和劳动力一并转让给其他单位和个人，其中涉及的不动产、土地使用权转让行为，不征收增值税。

在土地增值税方面，如前所述按照《财政部、国家税务总局关于继续实施企业改制重组有关土地增值税政策的通知》（财税〔2018〕57号）规定，企业重组改制时以土地使用权和不动产投资，不征收土地增值税，但房地产企业除外。

在企业所得税方面，企业整体资产投资而发生转让行为，有两种选择，一般情形下按视同销售处理，但符合一定条件的特殊情形下，可以选择特殊性税务处理，即该资产转移暂不确认所得。

第二节　资产收购一般性税务处理

一、资产收购的会计处理

资产收购中，收购方收购资产支付对价的行为，会计上主要是按购买资产或接受投资处理。一方面做增加资产的会计核算处理，另一方面做减少付出的资产或接受投资增加所有者权益核算处理。

对于资产转让方，如果转让资产获得对价是非股份支付，一般按销售处置资产会计处理，或按非货币性资产交易会计处理；如果取得的对价是对方的股权，会计上应按长期股权投资或金融资产进行会计核算处理。

《企业会计准则第2号——长期股权投资》规范了符合条件的权益性投资的确认、计量结果和相关信息的披露，其他投资适用《企业会计准则第22号——金融工具确认和计量》等相关准则。根据长期股权投资准则规定，长期股权投资包括以下几个方面：

一是投资企业能够对被投资单位实施控制的权益性投资，即对子公司投资。控制，是指有权决定一个企业的财务和经营政策，并能据以从该企业的经营活动中获取利益。

二是投资企业与其他合营方一同对被投资单位实施共同控制的权益性投资，即对合营企业投资。共同控制是指，按照合同约定对某项经济活动共有的控制。合营企业的特点是，合营各方均受到合营合同的限制和约束。

三是投资企业对被投资单位具有重大影响的权益性投资，即对联营企业投资。重大影响，是指对一个企业的财务和经营政策有参与决策的权力，但并不能够控制或者与其他方一起共同控制这些政策的制定。实务中，投资企业直接或通过子公司间接拥有被投资单位20%以上但低于50%的表决权股份时，一般认为对被投资单位具有重大影响，除非有明确的证据表明该种情况下不能参与被投资单位的生产经营决策，不形成重大影响。

《企业会计准则第2号——长期股权投资》规定，投资方能够对被投资单位实施控制的长期股权投资应当采用成本法核算。采用成本法核算的长期股权投资应当按照初始投资成本计价。追加或收回投资应当调整长期股权投资的成本。被投资单位宣告分派的现金股利或利润，应当确认为当期投资收益。投资方对联营企业和合营企业的长期股权投资，应当采用权益法核算。股权投资核算范围和方法见下表：

股权投资核算的范围和核算方法表

核算范围（参考持股比例）	核算方法
对子公司投资（大于50%）	成本法
对合营联营企业投资（20%～50%）	权益法
对其他企业投资（小于20%）	金融资产

成本法和权益法会计核算请参看第四章相关内容，金融资产核算举例如下。

【举例】20×9年1月2日，甲公司以银行存款100万元购入乙公司10%股份，发生相关费用2万元。采用交易性金融资产核算。20×9年4月2日收到分派20×8年度现金股利3万元。20×9年6月底，持有股份公允价值为110万元。20×9年12月转让股份125万元。甲公司的账务处理如下：

（1）20×9年1月2日，取得投资时，

借：交易性金融资产——成本　　1 000 000

　　投资收益　　　　　　　　　　20 000

　　贷：其他货币资金——投资款　　1 020 000

分析：如采用"其他权益工具投资"核算，2万元费用计入"其他权益工具投资"成本。

借：其他权益工具投资——成本　　1 020 000

　　贷：其他货币资金——投资款　　　1 020 000

（2）20×9年4月2日收到分派20×8年度现金股利时，

借：其他货币资金——投资款　　30 000

　　贷：投资收益　　　　　　　　30 000

（3）20×9年6月底，持有股份公允价值为110万元时，

借：交易性金融资产——公允价值变动　　100 000

　　贷：公允价值变动损益　　　　　　　　　100 000

分析：如采用"其他权益工具投资"核算，公允价值变动损益计入其他综合收益。

借：其他权益工具投资——公允价值变动 100 000

　　贷：其他综合收益　　　　　　　　　　　100 000

（4）20×9年12月转让股份125万元

借：其他货币资金——存出投资款　　　　1 250 000

　　贷：交易性金融资产——成本　　　　　　1 000 000

　　　　交易性金融资产——公允价值变动　　100 000

　　　　投资收益　　　　　　　　　　　　　150 000

分析：如采用"其他权益工具投资"核算，原计入该金融资产的公允价值变动转出外，其他综合收益转为留存收益。

借：其他货币资金——存出投资款　　　　1 250 000

　　贷：其他权益工具投资——成本　　　　　1 000 000

　　　　其他权益工具投资——公允价值变动　100 000

　　　　投资收益　　　　　　　　　　　　　150 000

借：其他综合收益　　　　　　　　　　　100 000

　　贷：留存收益　　　　　　　　　　　　　100 000

二、一般性税务处理

（一）企业所得税一般性税务处理

资产收购企业所得税一般性税务处理，实际上就是将资产在不同企业之间的所有权转移行为视同销售处理。一方面，转让方按资产的公允价值与计税成本之间的差额确认所得或损失；另一方面，收购方按公允价值作为购入资产的计税成本。如果涉及股权等非货币性资产支付行为，双方之间存在收购与被收购的资产相互收购行为，同样按上述原理进行企业所得税处理。

《财政部、国家税务总局关于企业重组业务企业所得税处理若干问题的通知》（财税〔2009〕59号）第四条第（三）项规定，除符合本通知规定适用特殊性税务处理规定的外，企业资产收购重组交易，相关交易应按以下规定处理：

（1）被收购方应确认股权、资产转让所得或损失。

（2）收购方取得股权或资产的计税基础应以公允价值为基础确定。

（3）被收购企业的相关所得税事项原则上保持不变。

以下虚拟一组数字来说明资产收购企业所得税的一般性税务处理。

【举例1】为扩展生产经营规模，阿里巴巴公司与雅虎（中国）公司经过协商后，决定采取资产收购的方式进行两个企业的资产重组，阿里巴巴公司采取增资扩股的方式收购雅虎（中国）公司全部资产。20×9年5月，双方达成收购协议，雅虎（中国）公司全部实质性经营资产，经评估后的总额为18 000万元，其资产的计税基础15 000万元。阿里巴巴公司增发18 000万元股份收购雅虎（中国）公司资产后，雅虎（中国）公司持有阿里巴巴公司股份比例为40%。

1. 会计处理

阿里巴巴公司是资产收购方，采取收购的方式是增资扩股股份支付，因此，应按接受资产投资进行账务处理。借记资产类科目，贷记实收资本（或股本）及资本公积类科目。雅虎（中国）公司是资产转让方，也是投资方，因此，会计上应按股权投资进行账务处理。借记权益投资类科目，贷记资产类科目，差额计入当期损益。

2. 企业所得税处理

按现行企业所得税政策规定，企业所得税处理如下：

（1）被收购方雅虎（中国）公司应确认资产转让所得3 000万元（18 000-15 000），按规定计入当期所得，缴纳企业所得税。同时，雅虎获得阿里巴巴公司股权的投资计税基础为18 000万元。

（2）收购方阿里巴巴公司取得收购资产的计税基础是18 000万元，相关资产折旧、摊销或结转成本按18 000万元计算。

（3）除上述处理外，双方公司各自独立持续经营，其他资产计税基础、亏损弥补及其他相关所得税事项保持不变。

【举例2】甲公司收购乙公司的经营性资产。甲公司20×9年8月以公允价值1 000万元（计税成本150万元）的丁公司股权，从乙公司处购入其50%以上的整体业务资产，该业务资产计税价值800万元，公允价值1 000万元。

重组交易完成前，甲公司持有丁公司股权，乙公司持有本公司整体业务资产。重组交易完成后，双方资产与股权互相交换，甲公司持有乙公司整体业务资产，乙公司持有丁公司股权。双方可统一选择一般性税务处理。

1. 会计处理

甲公司是资产收购方，采取收购的方式是以自持股份支付，因此，应按交换资产进行账务处理。借记"资产类"科目，贷记"投资"类科目（如长期股权投——丁公司150万元），差额计入当期损益。乙公司是资产转让方，也是接受丁公司股权资产方，因此，会计上应按资产交换进行账务处理。借记投资类科目（如长期股权投——丁公司），贷记"资产类"科目800万元，差额计入当期损益。

2. 企业所得税处理。按税收政策规定，企业所得税处理如下：

（1）被收购方乙公司应确认资产转让所得200万元（1 000-

800），按规定计入当期所得，缴纳企业所得税。同时，乙公司获得丁公司股权的投资计税基础为1 000万元。

（2）收购方甲公司以自持股份收购乙公司资产，自持丁公司股份转给乙公司视同销售1 000万元，确认所得850万元（1 000-150）。因此，取得乙公司资产的计税基础是1 000万元，资产折旧、摊销或结转成本按1 000万元计算。

（二）一般性税务处理报备管理

资产收购的一般性税务处理属于正常的纳税处理，税收管理并不复杂。国家税务总局发布的《企业重组业务企业所得税管理办法》公告（国家税务总局公告2010年第4号）第十二条规定，企业发生资产收购重组业务，应准备以下相关资料，以备税务机关检查：（1）当事各方所签订的资产收购业务合同或协议；（2）相关资产公允价值的合法证据。由于当事方适用的会计准则不同导致重组业务完成年度的判定有差异时，各当事方应协商一致，确定同一个纳税年度作为重组业务完成年度。

《国家税务总局关于企业重组业务企业所得税征收管理若干问题的公告》（国家税务总局公告2015年第48号）规定，资产收购中当事各方，指收购方、转让方。重组业务完成当年，是指重组日所属的企业所得税纳税年度。资产收购，以转让合同（协议）生效且当事各方已进行会计处理的日期为重组日。

第三节　资产收购特殊性税务处理

资产收购企业所得税特殊性税务处理，是相对于一般性资产收购税务处理的特殊规定。简单地说，一般性税务处理转让方需要确认资产的转让所得或损失，缴纳企业所得税。同时，收购方可以按资产的公允价值确认计税基础。资产收购中，如收购方支付的对价85%以上是股份支付，则双方可以选择适用企业所得税的特殊性税务处理，即转让方不需确认资产转让所得或损失，不缴纳企业所得税。收购方取得收购资产的计税基础不能按被收购资产的公允价值而是按其原计税成本作为计税基础。

一、企业所得税特殊性税务处理

（一）股权支付不纳税

关于资产收购的企业所得税的特殊性税务处理，《财政部、国家税务总局关于企业重组业务企业所得税处理若干问题的通知》（财税〔2009〕59号）第五条规定，企业重组同时符合下列条件的，适用特殊性税务处理规定。

（1）具有合理的商业目的，且不以减少、免除或者推迟缴纳税款为主要目的。

（2）被收购、合并或分立部分的资产或股权比例符合本通知规定的比例。

（3）企业重组后的连续12个月内不改变重组资产原来的实质性经营活动。

（4）重组交易对价中涉及股权支付金额符合本通知规定比例。

（5）企业重组中取得股权支付的原主要股东，在重组后连续12个月内，不得转让所取得的股权。

企业重组符合本通知第五条规定条件的，交易各方对其交易中的股权支付部分暂不确认有关资产的转让所得或损失，同时可以按以下规定进行特殊性税务处理：资产收购，受让企业收购的资产不低于转让企业全部资产的50%，且受让企业在该资产收购发生时的股权支付金额不低于其交易支付总额的85%，可以选择按以下规定处理：

（1）转让企业取得受让企业股权的计税基础，以被转让资产的原有计税基础确定。

（2）受让企业取得转让企业资产的计税基础，以被转让资产的原有计税基础确定。

税收分析：

（1）收购方收购资产支付的对价是股份支付，转让方取得股份支付不纳税，转让资产不视同销售，所以计税基础延续，转让方资产置换股权，股权的计税基础为原资产的计税基础。

（2）收购方支付的对价为自己的股份，并未实际支付成本，自己股份没有计税基础，所以也按收购取得资产的原计税成本为计税基础。

【举例1】为扩展生产经营规模，阿里巴巴公司与雅虎（中国）公司经过协商后，决定采取资产收购的方式进行两个企业的资产重组，阿里巴巴公司采取增资扩股的方式收购雅虎（中国）公司全部资产。20×9年5月，双方达成收购协议，雅虎（中国）公司全部实质性经营资产经评估后的总额为18 000万元，其资产的计税基础15 000万元。阿里巴巴公司增发18 000万元股份收购雅虎（中国）公司资产后，雅虎（中国）公司持有阿里巴巴公司股份比例为40%。

分析：本例中，受让企业阿里巴巴公司收购雅虎（中国）公司的100%的资产，不低于企业全部资产的50%，且受让企业阿里巴巴公司全部为股权支付，股权支付金额占全部支付金额比例为100%。因此，如其他条件也符合，双方可以选择特殊性税务处理。雅虎

（中国）公司转让资产计税基础15 000万元与公允价值18 000万元之间的差额不确认资产转让所得，不缴纳企业所得税。同时，应按以下确认资产的计税基础：

（1）转让企业取得受让企业股权的计税基础，以被转让资产的原有计税基础确定。即雅虎（中国）公司取得阿里巴巴公司40%股权的计税基础，以被转让资产的原有计税基础15 000万元确定。

（2）受让企业取得转让企业资产的计税基础，以被转让资产的原有计税基础确定。即受让企业阿里巴巴公司取得雅虎（中国）公司资产的计税基础，也是以被转让资产计税基础15 000万元确定。

上述处理方式，对转让方是可以接受的，类似于非货币性资产投资处理方式，资产不视同销售计税基础延续计算。但对于收购方是不利的，收购方实际支付股份公允价值为18 000万元，对方纳税，我方（收购方）取得资产计税成本是18 000万元；对方暂不纳税计税基础延续，我方（收购方）取得资产计税基础亦为15 000万元。即便对方今后转让股权实现增值纳税后，我方（收购方）取得资产的计税基础也不能随之调整，造成一项资产的重复纳税，加重了收购方的税收负担。相反，如果被收购资产的计税基础高于其公允价值（如资产计税基础15 000万元，公允价值为10 000万元），会造成因一项资产处置后两次确认5 000万元损失。

这种特殊性税务处理方式与企业非货币性资产投资处理不同，《财政部、国家税务总局关于非货币性资产投资企业所得税政策问题的通知》（财税〔2014〕116号）和《财政部、国家税务总局关于完善股权激励和技术入股有关所得税政策的通知》（财税〔2016〕101号）中规定的企业非货币性资产投资，无论投资方是一次性确认所得、分期确认所得或是不确认所得，接受投资方均可以按接收资产的公允价值作为计税基础。所以，股权收购双方应该综合考虑上述政策，选择一种更为有利的处理方式。

【举例2】甲公司收购乙公司的经营性资产。甲公司20×9年8月以公允价值1 000万元（计税成本150万元）的丁公司股权，从乙公司处购入其50%以上的整体业务资产，该业务资产计税价值800万元，公允价值1 000万元。重组交易完成前，甲公司持有丁公司股权，乙公司持有本公司整体业务资产。重组交易完成后，双方资产与股权互相交换，甲公司持有乙公司整体业务资产，乙公司持有丁公司股权。如符合特殊性税务处理各项条件，双方统一选择特殊性税务处理。

分析处理如下：甲公司持有丁公司股权成本为150万元，作价1 000万元，因双方未有非股权支付，不确认所得850万元，计税基础延续。同理，乙公司持有本公司整体业务资产成本为800万元，作价1 000万元，不确认所得200万元，计税基础延续。

（1）转让企业取得受让企业股权的计税基础，以被转让资产的原有计税基础确定。即乙公司取得丁公司股权的计税基础以自己的被转让资产800万元延续确定。

（2）受让企业取得转让企业资产的计税基础，以被转让资产的原有计税基础确定。即甲公司取得乙公司整体业务资产的计税成本，应以自己持有丁公司股权的计税基础延续确定为150万元，而不应该是被转让资产计税基础800万元。

【疑点分析】按现行税收政策规定，股权支付，是指企业重组中购买、换取资产的一方支付的对价中，以本企业或其控股企业的股权、股份作为支付的形式，控股企业，是指由本企业直接持有股份的企业。

当收购方以本企业直接持有的股份作为对价支付时，收购企业取得被收购企业资产的计税基础,不应该是"以被转让资产的原有计税基础确定"。因为,甲公司持有的丁公司股份交换资产后,计税基础如果由150万元调整确定为800万元,不仅不符合资产计税成本按历史成本确定的原则,而且会造成避税漏洞,显然非常不合理。

因收购企业以本企业股份支付时,只有被收购资产一个计税成本,发行本企业股份无计税成本,可以指定确定一个计税基础。但收购企业以本企业持有的股份收购另一个企业的资产时,双方各有一个共有两个计税成本,这就不可随意取消一个计税成本,换言之,不应该将两个计税成本都直接调整确定为一个计税成本。

鉴于此,本书认为,企业双方资产发生所有权属转移但税务上均不确认所得不视同销售的情况下,计税成本应各自延续计算。其原理与《企业所得税法实施条例》第五十六条"企业持有各项资产期间资产增值或者减值,除国务院财政、税务主管部门规定可以确认损益外,不得调整该资产的计税基础"的基本原则是一致的。

(二)非股权支付纳税

资产收购特殊性税务处理暂不纳税,主要是针对股份支付部分不纳税,资产收购中除85%以上股权支付以外,如有部分非股权支付的,这部分非股份支付比例对应的资产转让所得要予以确认并纳税。

《财政部、国家税务总局关于企业重组业务企业所得税处理若干问题的通知》(财税〔2009〕59号)第六条第(六)项规定,重组交易各方按规定对交易中股权支付暂不确认有关资产的转让所得或损失的,其非股权支付仍应在交易当期确认相应的资产转让所得或损失,并调整相应资产的计税基础。其计算公式为:

非股权支付对应的资产转让所得或损失 =(被转让资产的公允价值 – 被转让资产的计税基础)×(非股权支付金额÷被转让资产的公允价值)

【举例】为扩展生产经营规模，阿里巴巴公司与雅虎（中国）公司经过协商后，决定采取资产收购的方式进行两个企业的资产重组，阿里巴巴公司采取增资扩股的方式收购雅虎（中国）公司全部资产。20×9年5月，双方达成收购协议，雅虎（中国）公司全部实质性经营资产经评估后的总额为18 000万元，其资产的计税基础15 000万元。阿里巴巴公司增发16 200万元股份并支付现金1 800万元收购雅虎（中国）公司资产，雅虎（中国）公司持有阿里巴巴公司相应股份比例。本例资产收购股份支付比例90%（16 200/18 000），如其他条件同时符合特殊性税务处理条件，双方一致选择特殊性税务处理。

分析：阿里巴巴公司收购雅虎（中国）公司100%实质性经营资产，高于50%。阿里巴巴公司股权支付比例为90%（16 200÷18 000×100%），高于85%。16 200万元股权支付对应资产转让增值不纳税，但1 800万元非股权支付部分要视同销售并确认所得。

具体计算结果如下：雅虎（中国）公司全部资产计税基础15 000万元，取得对价支付18 000万元，如要确认资产转让所得，为3 000万元。其中，与1 800万元非股权支付对应的所得部分为300万元[1 800÷18 000×（18 000-15 000）]。该项所得需要并入当期所得缴纳企业所得税。

收购各方计税基础调整如下：

（1）雅虎（中国）公司取得阿里巴巴公司长期股权投资的计税基础不是18 000万元，而是以被转让资产的计税基础计算确定，股权的计税基础为13 500万元（15 000×90%或15 000-1 800+300）。

（2）阿里巴巴公司采取以发行股份和现金方式支付对价，取得资产的计税基础为15 300万元（13 500+1 800）。其中发行股份部分没有实际税收成本，按对方计税基础确定13 500万元，现金支付部分实际成本为1 800万元。

（三）涉外资产收购特殊规定

1. 财税〔2009〕59号第七条规定，企业发生涉及中国境内与境外之间（包括港澳台地区）的股权和资产收购交易，除应符合本通知第五条规定的条件外，还应同时符合下列条件，才可选择适用特殊性税务处理规定：一是非居民企业向其100%直接控股的另一非居民企业转让其拥有的居民企业股权，没有因此造成以后该项股权转让所得预提税负担变化，且转让方非居民企业向主管税务机关书面承诺在3年（含3年）内不转让其拥有受让方非居民企业的股权；二是非居民企业向与其具有100%直接控股关系的居民企业转让其拥有的另一居民企业股权；三是居民企业以其拥有的资产或股权向其100%直接控股的非居民企业进行投资；四是财政部、国家税务总局核准的其他情形。

资产收购属于第三种情形，这种情形的特殊处理为：居民企业以其拥有的资产或股权向其100%直接控股关系的非居民企业进行投资，其资产或股权转让收益如选择特殊性税务处理，可以在10个纳税年度内均匀计入各年度应纳税所得额。

2. 符合特殊性税务处理条件的股权收购当事各方，既可以选择特殊性税务处理，也可以选择一般性税务处理，但重组业务的当事各方应采取一致税务处理原则，即统一按一般性或特殊性税务处理。

3. 按照税法规定，企业在重组发生前后连续12个月内分步对其资产、股权进行交易，应根据实质重于形式原则将上述交易作为一项企业重组交易进行处理。

二、特殊性税务处理报备管理

企业发生符合财税〔2009〕59号文件规定的特殊性重组条件并选择特殊性税务处理的，当事各方应在该重组业务完成当年企业所得税年度申报时，向主管税务机关提交书面备案资料，证明其符合各类特殊性重组规定的条件。

国家税务总局关于发布《企业重组业务企业所得税管理办法》（国家税务总局公告2010年第4号）的公告规定，企业重组业务，符合税法规定条件并选择特殊性税务处理的，应按照规定进行备案；如企业重组各方需要税务机关确认，可以选择由重组主导方（资产转让方）向主管税务机关提出申请，层报省税务机关给予确认。采取申请确认的，主导方和其他当事方不在同一省（自治区、市）的，主导方省税务机关应将确认文件抄送其他当事方所在地省税务机关。省税务机关在收到确认申请时，原则上应在当年度企业所得税汇算清缴前完成确认。特殊情况，需要延长的，应将延长理由告知主导方。

企业发生特殊性税务处理规定的资产收购业务，应准备以下资料：（1）当事各方的资产收购业务总体情况说明，情况说明中应包括资产收购的商业目的；（2）当事各方所签订的资产收购业务合同或协议；（3）评估机构出具的资产收购所体现的资产评估报告；（4）受让企业股权的计税基础的有效凭证；（5）证明重组符合特殊性税务处理条件的资料，包括资产收购比例，支付对价情况，以及12个月内不改变资产原来的实质性经营活动、原主要股东不转让所取得股权的承诺书等；（6）工商部门核准相关企业股权变更事项证明材料；（7）税务机关要求提供的其他材料证明。《国家税务总局关于企业重组业务企业所得税征收管理若干问题的公告》（国家税务总局公告2015年第48号）进一步规定，企业重组业务适用特殊性税务处理的，重组各方应在该重组业务完成当年，办理企业所得税年度申报时，分别向各自主管税务机关报送《企业重组所得税特殊性税务处理报告表及附表》和申报资料。重组主导方申报后，其他当事方向其主管税务机关办理纳税申报。申报时还应附送重组主导方经主管税务机关受理的《企业重组所得税特殊性税务处理报告表及附表》（复印件）。

企业重组业务适用特殊性税务处理的，申报时，应从以下方面逐条说明企业重组具有合理的商业目的：（1）重组交易的方式；（2）重组交易的实质结果；（3）重组各方涉及的税务状况变化；（4）重组各方涉及的财务状况变化；（5）非居民企业参与重组活动的情况。

企业重组业务适用特殊性税务处理的，申报时，当事各方还应向主管税务机关提交重组前连续12个月内有无与该重组相关的其他股权、资产交易情况的说明，并说明这些交易与该重组是否构成分步交易，是否作为一项企业重组业务进行处理。若同一项重组业务涉及在连续12个月内分步交易，且跨两个纳税年度，当事各方在首个纳税年度交易完成时预计整个交易符合特殊性税务处理条件，经协商一致选择特殊性税务处理的，可以暂时适用特殊性税务处理，并在当年企业所得税年度申报时提交书面申报资料。在下一纳税年度全部交易完成后，企业应判断是否适用特殊性税务处理。如适用特殊性税务处理的，当事各方应按本公告要求申报相关资料；如适用一般性税务处理的，应调整相应纳税年度的企业所得税年度申报表，计算缴纳企业所得税。

跨境重组税收管理方面，居民企业以其拥有的资产或股权向其100%直接控股的非居民企业进行投资的重组，居民企业应准确记录应予确认的资产或股权转让收益总额，并在相应年度的企业所得税汇算清缴时对当年确认额及分年结转额的情况做出说明。主管税务机关应建立台账，对居民企业取得股权的计税基础和每年确认的资产或股权转让收益进行比对分析，加强后续管理。

适用特殊性税务处理的企业，在以后年度转让或处置重组资产（股权）时，应在年度纳税申报时对资产（股权）转让所得或损失情况进行专项说明，包括特殊性税务处理时确定的重组资产（股权）计税基础与转让或处置时的计税基础的比对情况，以及递延所得税负债的处理情况等。主管税务机关应加强评估和检查，将企业特殊性税务处理时确定的重组资产（股权）计税基础与转让或处置时的计税基础及相关的年度纳税申报表比对，发现问题的，应依法进行调整。

上述选择特殊性税务处理涉及需要税务机关备案、审核、确认的事先管理事项，已经全部被国务院取消，《国务院关于第一批取消62项中央指定地方实施行政审批事项的决定》（国发〔2015〕57号）文件规定取消的第34项即"企业符合特殊性税务处理规定条件的业务的核准"。随后，国家税务总局下发关于贯彻落实《国务院关于第一批取消62项中央指定地方实施行政审批事项的决定》（税总发〔2015〕141号）的通知文件，要求各级地方税务机关必须认真贯彻执行国务院决定，全面落实取消中央指定地方税务机关实施的行政审批事项，不得以任何形式保留或者变相审批。要及时修改涉及取消中央指定地方税务机关实施行政审批事项的相关规定、表证单书和征管流程，明确取消审批事项后续管理要求。因此，审核事项取消后，企业资产收购选择特殊性税务处理的，需要积极与当地税务机关沟通，按照税务机关要求，保存好上述相关资料，留存备查。

第四节　资产划转的税收处理

一、资产划转

　　企业资产划转原来主要存在于政府与国有企业、国有企业与国有企业之间，《企业国有产权无偿划转管理暂行办法》规定，本办法所称企业国有产权无偿划转，是指企业国有产权在政府机构、事业单位、国有独资企业、国有独资公司之间的无偿转移。国有独资公司作为划入或划出一方的，应当符合《中华人民共和国公司法》的有关规定。各级人民政府授权其国有资产监督管理机构履行出资人职责的企业及其各级子企业国有产权无偿划转适用本办法。股份有限公司国有股无偿划转，按国家有关规定执行。随着多种所有制企业的日益增长，兼并重组等业务越来越多，资产划转逐渐成为所有企业集团内部、同一投资主体间整合企业资源、优化业务架构的重要形式。

　　资产划转，在税收上没有一个准确的定义，但资产由于划转在不同纳税主体之间发生了所有权属转移的，除有特殊规定外，一般会产生相关的纳税义务。企业之间的资产划转，分为有偿划转和无偿划转，从税收角度分析，无论是哪一种形式，资产的转移必然会涉及资产的增值税、消费税、土地增值税、资源税和企业所得税等，接受资产方如果是土地使用权和不动产，还会涉及契税。在确定征税收入的依据时，对于有偿划转取得的收入，还要考虑收入金额是否存在偏低或偏高、关联方之间是否符合独立交易原则的问题，对于无偿划转资产没有取得收入的，很多税种会参考资产在市场中的公允价值并以此确定为征税依据。在企业所得税处理方面，对于接受划转资产的企业，还可能会视同接受捐赠收入，并以该资产的公允价值计算捐赠所得，缴纳企业所得税。

近年来，税收政策上也开始正视资产划转这一客观存在的事实，逐步实施了相关的税收制度进行规范，企业所得税、契税和土地增值税分别制定了部分的相关政策，这也是本节需要介绍的内容，其中企业所得税政策是介绍重点。

下面先看一则资产划转的案例：

浙江海利得新材料股份有限公司关于向全资子公司划转资产

并对其增资的公告

（来源：全景网　　　发布时间：2020-06-12）

证券代码：002206　　　证券简称：海利得　　　公告编号：2020-030

本公司及全体董事、监事、高级管理人员保证公告内容的真实、准确和完整，并对公告中的虚假记载、误导性陈述或者重大遗漏承担责任。

浙江海利得新材料股份有限公司（以下简称"公司"）于2020年6月11日召开第七届董事会第七次会议，会议审议通过了《关于向全资子公司划转资产并对其增资的议案》，现对有关事项说明如下：

一、本次资产划转及增资概述

1. 公司于2020年3月成立了全资子公司浙江海利得地板有限公司（以下简称"地板公司"），为进一步明晰公司各业务板块的工作权责，提升经营能力，浙江海利得新材料股份有限公司拟以2020年5月31日为基准日的年产1 200万平方米环保石塑地板项目资产按账面净值114 755 518.50元划转至浙江海利得地板有限公司，并以该等资产对地板公司进行出资及增资。

2. 除以划转的资产作为非货币性资产对地板公司进行出资及增资外，同时公司拟使用自有资金向地板公司增资265 244 481.50元人民币，供地板公司年产1 200万平方米环保石塑地板项目建设所需。

本次增资完成后，浙江海利得地板有限公司的注册资本将增至

3.8亿元。本次事项不构成关联交易，亦不构成《上市公司重大资产重组管理办法》规定的重大资产重组。根据《公司章程》等相关规定，本次事项在公司董事会审批权限范围内，无需提交公司股东大会审议。

二、本次划转的具体内容

1. 划转双方的基本情况

（1）划出方

公司名称：浙江海利得新材料股份有限公司

注册资本：122 302.86万元

法定代表人：高利民

注册地址：浙江海宁市马桥经编园区内

企业类型：股份有限公司（上市）

经营范围：电脑喷绘胶片布、土工格栅材料、PVC涂层材料、篷盖材料、聚酯工业长丝、聚酯切片、帘子布、帆布、石塑地板、高分子材料及产品的研究开发、生产、销售；经营进出口业务（范围详见《中华人民共和国进出口企业资格证书》）。

（2）划入方

公司名称：浙江海利得地板有限公司

注册资本：1 000万元

法定代表人：高王伟

注册地址：浙江省嘉兴市海宁市黄湾镇尖山新区海市路88号

企业类型：有限责任公司（控股的法人独资）

经营范围：地板制造；地板销售；塑料制品制造（除依法须经批准的项目外，凭营业执照依法自主开展经营活动）

（3）划出方与划入方的关系

划入方为划出方的全资子公司，划出方持有划入方100%股权。

2. 拟划转的资产、负债情况

公司拟将位于海宁市尖山新区洋山路东侧、闻澜路南侧厂区的土地使用权（土地面积78 971平方米）、在建工程土建以及机器设备等资产按基准日2020年5月31日的账面净值划转至地板公司，划转期间（基准日至交割日）发生的资产变动情况将据实调整并予以划转。

公司拟划转资产情况表（截至2020年5月31日）

名称	账面原值(元)	累计折旧、摊销(元)	账面净值(元)
在建工程(机器设备)	8 539 589.65	8 539 589.65	
在建工程(土建)	89 548 468.85	89 548 468.85	
土地使用权	17 922 000.00	1 254 540.00	16 667 460.00
合计	116 010 058.50	1 254 540.00	114 755 518.50

本次划转资产权属清晰，截至基准日，上述划转资产不存在抵押、质押或者其他第三人权利，不存在重大争议、诉讼或仲裁事项，不存在查封、冻结等妨碍权属转移的情况。自划转基准日起地板公司即享有划转资产的实际占有、使用、处分及收益的权利。

3. 划转涉及的员工安置

本次划转涉及的人员变更，根据"人随业务走"的原则，公司年产1 200万平方米环保石塑地板项目员工的劳动关系将由子公司接收，公司将按照国家有关法律法规的规定以及员工本人意愿进行合理安置，在履行必要的程序后，为相关的员工办理相关的转移手续，签订劳动合同和交纳社会保险。

4. 划转涉及的债权转移及协议主体变更安排

对于公司已签订的与划转资产相关的协议、合同、承诺等，将根据实际业务调整情况办理主体变更手续，合同权利、义务及承诺等将随资产相应转移至地板公司。

5. 划转涉及的税务安排

本次划转拟适用特殊性税务处理，具体以税务部门的认定为准。

三、本次划转可能存在的风险

1. 本次划转拟适用特殊性税务处理，具体以税务部门的认定为准；

2. 本次划转后，公司及全资子公司在未来经营过程中，因市场行业、税收优惠政策等因素仍可能存在不确定性风险。公司将充分关注市场行业及相关政策的变化，发挥整体优势，采取一系列措施规避和控制可能面临的风险，以不断适应业务要求及市场变化。

四、本次划转对公司的影响

1. 本次划转有利于整合公司内部资源，提高公司经营管理效率，优化资产结构，促进公司健康发展，符合公司发展战略和整体利益。

2. 本次划转资产是在公司合并报表范围内进行，不会导致公司合并报表范围变更，不会损害公司及股东的利益，不会对公司未来财务状况和经营成果产生重大影响，也不存在损害公司及股东合法权益的情形。

3. 本次划转不涉及公司股本及股东变化，划转完成后，公司注册资本和股权结构，以及董事会、监事会和高级管理人员的组成不变。

五、备查文件

第七届董事会第七次会议决议

特此公告。

浙江海利得新材料股份有限公司董事会

2020年6月12日

二、资产划转税收处理

（一）增值税和消费税

通常情况下，居民企业间资产划转涉及不动产、土地使用权、存货、设备的，原则上征收增值税。涉及消费税应税产品的，无论是划转还是移送同一生产非消费税产品的，要按规定缴纳消费税。因此，无论是母子公司之间划转资产，还是子公司之间划转资产，划出方需视同按公允价值销售货物、不动产、无形资产缴纳增值税和消费税。但是满足税收政策规定的特殊条件的，不征收增值税。

《财政部、国家税务总局关于全面推开营业税改征增值税试点的通知》（财税〔2016〕36号）附件2《营业税改征增值税试点有关事项的规定》规定，在资产重组过程中，通过合并、分立、出售、置换等方式，将全部或者部分实物资产以及与其相关联的债权、负债和劳动力一并转让给其他单位和个人，其中涉及的不动产、土地使用权转让行为，不征收增值税。

《国家税务总局关于纳税人资产重组有关增值税问题的公告》（国家税务总局公告2011年第13号）规定，纳税人在资产重组过程中，通过合并、分立、出售、置换等方式，将全部或者部分实物资产以及与其相关联的债权、负债和劳动力一并转让给其他单位和个人，不属于增值税的征税范围，其中涉及的货物转让，不征收增值税。

《国家税务总局关于纳税人资产重组有关增值税问题的公告》（国家税务总局公告2013年第66号）规定，纳税人在资产重组过程中，通过合并、分立、出售、置换等方式，将全部或者部分实物资产以及与其相关联的债权、负债经多次转让后，最终的受让方与劳动力接收方为同一单位和个人的，仍适用《国家税务总局关于纳税人资产重组有关增值税问题的公告》（国家税务总局公告2011

年第13号公告）的相关规定，其中货物的多次转让行为均不征收增值税。资产的出让方需将资产重组方案等文件资料报其主管税务机关。

《财政部、国家税务总局关于明确无偿转让股票等增值税政策的公告》（财政部税务总局公告2020年第40号）规定，纳税人无偿转让股票时，转出方以该股票的买入价为卖出价，按照"金融商品转让"计算缴纳增值税；在转入方将上述股票再转让时，以原转出方的卖出价为买入价，按照"金融商品转让"计算缴纳增值税。分析该项政策，纳税人无偿转让股票包含无偿划转行为，按买入价为卖出价即销售金融资产无增值无需纳税。转入方再转让划入股票时以上家卖出价（即上家买入价）为买入价，相当于上家买入价平移给下家，增值税递延至下家缴纳（下家无需纳税的除外）。无偿划转股票不征收增值税仅适用股票金融资产，其他金融资产、货物、无形资产、不动产等无偿划转行为，仍要视同销售缴纳增值税。

（二）土地增值税

企业拥有的土地使用权和不动产发生所有权属转移的，除政策有特殊规定外，原则上都要按规定缴纳土地增值税。《财政部、国家税务总局关于继续实施企业改制重组有关土地增值税政策的通知》（财税〔2018〕57号）规定，单位、个人在改制重组时以房地产作价入股进行投资，对其将房地产转移、变更到被投资的企业，暂不征土地增值税。上述改制重组有关土地增值税政策不适用于房地产转移任意一方为房地产开发企业的情形。

需要注意的是，企业改制重组适用暂不征收土地增值税后，再转让国有土地使用权并申报缴纳土地增值税时，应以改制前取得该宗国有土地使用权所支付的地价款和按国家统一规定缴纳的有关费用，作为该企业"取得土地使用权所支付的金额"扣除。企业在改制重组过程中经省级以上（含省级）国土管理部门批准，国家以国有土地使用权作价出资入股的，再转让该宗国有土地使用权并申报缴纳土地增值税时，应以该宗土地作价入股时省级以上（含省级）国土管理部门批准的评估价格，作为该企业"取得土地使用权所支付的金额"扣除。办理纳税申报时，企业应提供该宗土地作价入股时省级以上（含省级）国土管理部门的批准文件和批准的评估价格，不能提供批准文件和批准的评估价格的，不得扣除。

（三）契税

《财政部、国家税务总局关于继续支持企业事业单位改制重组有关契税政策的通知》（财税〔2018〕17号）第六条规定，对承受县级以上人民政府或国有资产管理部门按规定进行行政性调整、划转国有土地、房屋权属的单位，免征契税。同一投资主体内部所属企业之间土地、房屋权属的划转，包括母公司与其全资子公司之间，同一公司所属全资子公司之间，同一自然人与其设立的个人独资企业、一人有限公司之间土地、房屋权属的划转，免征契税。母公司以土地、房屋权属向其全资子公司增资，视同划转，免征契税。

（四）印花税

《国家税务总局关于办理上市公司国有股权无偿转让暂不征收证券（股票）交易印花税有关审批事项的通知》（国税函〔2004〕941号）规定，对经国务院和省级人民政府决定或批准进行的国有（含国有控股）企业改组改制而发生的上市公司国有股权无偿转让行为，暂不征收证券（股票）交易印花税。对不属于上述情况的上市公司国有股权无偿转让行为，仍应征收证券（股票）交易印花税。

印花税政策除有特殊规定外，资产划转涉及印花税应税行为的，应按规定缴纳印花税。

（五）企业所得税

企业之间无偿划转资产，如前述所述，一般情况划出方资产要按视同销售处理，确认销售所得或损失。划入方要按接受捐赠处理确认受赠所得。但现行企业所得税政策中，也有两项特殊规定。

1. 企业接收股东划入资产

《国家税务总局关于企业所得税应纳税所得额若干问题的公告》（国家税务总局公告2014年第29号）第二条规定，企业接收股东划入资产（包括股东赠予资产、上市公司在股权分置改革过程中接收原非流通股股东和新非流通股股东赠予的资产、股东放弃本企业的股权，下同），凡合同、协议约定作为资本金（包括资本公积）且在会计上已做实际处理的，不计入企业的收入总额，企业应按公允价值确定该项资产的计税基础。企业接收股东划入资产，凡作为收入处理的，应按公允价值计入收入总额，计算缴纳企业所得税，同时按公允价值确定该项资产的计税基础。

2. 100%直接控制企业之间划转资产

《财政部、国家税务总局关于促进企业重组有关企业所得税处理问题的通知》（财税〔2014〕109号）规定，自2014年1月1日起，对100%直接控制的居民企业之间，以及受同一或相同多家居民企业100%直接控制的居民企业之间按账面净值划转股权或资产，凡具有合理商业目的、不以减少、免除或者推迟缴纳税款为主要目的，股权或资产划转后连续12个月内不改变被划转股权或资产原来实质性经营活动，且划出方企业和划入方企业均未在会计上确认损益的，可以选择按以下规定进行特殊性税务处理：（1）划出方企业和划入方企业均不确认所得。（2）划入方企业取得被划转股权或资产的计税基础，以被划转股权或资产的原账面净值确定。（3）划入方企业取得的被划转资产，应按其原账面净值计算折旧扣除。

政策分析：

（1）文件要求两个100%直接控制的企业之间划转资产，一是母子公司相互之间划转，二是兄弟公司相互之间划转。间接100%控制企业之间划转资产，以及控制方股东中有自然人股东的，均不符合政策规定。

（2）要具有合理商业目的、不以减少、免除或者推迟缴纳税款为主要目的，与其他资产重组一样，需要向税务机关说明划转资产的主要目的。且股权或资产划转后连续12个月内不改变被划转股权或资产原来实质性经营活动，主要体现为划转资产的经营业务不变，12个月之内不转让被划转的资产和股权。

（3）双方在会计核算处理上均不能影响企业本期利润的盈亏，即不能增加或减少本期会计利润。财政部关于印发《规范"三去一降一补"有关业务的会计处理规定》（财会〔2016〕17号）的通知针对国有独资或全资企业之间无偿划拨子公司的会计处理是这么规定的：划入企业在取得被划拨企业的控制权之日，编制个别财务报表时，应当根据国资监管部门批复的有关金额，借记"长期股权投资"科目，贷记"资本公积（资本溢价）"科目（若批复明确作为资本金投入的，记入"实收资本"科目，下同）。划出企业在丧失对被划拨企业的控制权之日，编制个别财务报表时，应当按照对被划拨企业的长期股权投资的账面价值，借记"资本公积（资本溢价）"科目（若批复明确冲减资本金的，应借记"实收资本"科目，下同），贷记"长期股权投资（被划拨企业）"科目；资本公积（资本溢价）不足冲减的，依次冲减盈余公积和未分配利润。

（4）要求资产计税成本按账面净值划转，即双方企业之间按原资产的计税基础平移，划出方企业和划入方企业均不确认所得，划入方按原资产的计税成本折旧、摊销或结转后续转让成本。

【举例】甲企业和乙企业为100%控制的母子公司,甲企业将自持的一项对A公司的股权投资划转给乙企业,该项股权账面价值(计税成本)1 000万元,评估公允价值为5 000万元。账务处理如下。

甲企业账务处理为:

借记"资本公积"或"长期股权投资——乙企业"1 000万元,贷记"长期股权投资——A公司"1 000万元。

乙企业账务处理为:

借记:"长期股权投资——A公司"1 000万元,贷记"资本公积"或"实收资本"1 000万元。

该项划转行为如符合特殊性税务处理条件,甲企业划转资产不视同销售不确认所得4 000万元;乙企业接收A公司股权不视为受赠所得5 000万元,该股权计税成本为1 000万元。

《国家税务总局关于资产(股权)划转企业所得税征管问题的公告》(国家税务总局公告2015年第40号)将财税〔2014〕109号所称"100%直接控制的居民企业之间,以及受同一或相同多家居民企业100%直接控制的居民企业之间按账面净值划转股权或资产",限于以下四种情形:

(1)100%直接控制的母子公司之间,母公司向子公司按账面净值划转其持有的股权或资产,母公司获得子公司100%的股权支付。母公司按增加长期股权投资处理,子公司按接受投资(包括资本公积,下同)处理。母公司获得子公司股权的计税基础以划转股权或资产的原计税基础确定。

会计处理时,母公司应按借记"长期股权投资"科目,贷记"资产类"科目处理;子公司按借记"资产类"科目,贷记"实收资本""资本公积"类科目处理。

（2）100%直接控制的母子公司之间，母公司向子公司按账面净值划转其持有的股权或资产，母公司没有获得任何股权或非股权支付。母公司按冲减实收资本（包括资本公积，下同）处理，子公司按接受投资处理。

会计处理时，母公司应借记"长期股权投资"或"资本公积"科目，贷记"资产类"科目处理；子公司按借记"资产类"科目，贷记"资本公积"类科目处理。

（3）100%直接控制的母子公司之间，子公司向母公司按账面净值划转其持有的股权或资产，子公司没有获得任何股权或非股权支付。母公司按收回投资处理，或按接受投资处理，子公司按冲减实收资本处理。母公司应按被划转股权或资产的原计税基础，相应调减持有子公司股权的计税基础。

会计处理时，母公司应借记"资产类"科目，贷记"长期股权投资""投资收益"类科目处理；子公司按借记"实收资本""资本公积""盈余公积""未分配利润"等权益类科目，贷记"资产类"科目处理。

（4）受同一或相同多家母公司100%直接控制的子公司之间，在母公司主导下，一家子公司向另一家子公司按账面净值划转其持有的股权或资产，划出方没有获得任何股权或非股权支付。划出方按冲减所有者权益处理，划入方按接受投资处理。

会计处理时，划入方应借记"资产类"科目，贷记"实收资本""资本公积"类科目处理；划出方应借记"资本公积""盈余公积""未分配利润"等权益类科目，贷记"资产类"科目处理。

3. 资产划转特殊性税务处理报备管理

《国家税务总局关于资产（股权）划转企业所得税征管问题的

公告》（国家税务总局公告2015年第40号）规定，股权或资产划转后连续12个月内不改变被划转股权或资产原来实质性经营活动，是指自股权或资产划转完成日起连续12个月内不改变被划转股权或资产原来实质性经营活动。股权或资产划转完成日，是指股权或资产划转合同（协议）或批复生效，且交易双方已进行会计处理的日期。

按照规定进行特殊性税务处理的股权或资产划转，交易双方应在协商一致的基础上，采取一致处理原则统一进行特殊性税务处理。交易双方应在企业所得税年度汇算清缴时，分别向各自主管税务机关报送《居民企业资产（股权）划转特殊性税务处理申报表》和相关资料（一式两份）。相关资料包括以下内容：

（1）股权或资产划转总体情况说明，包括基本情况、划转方案等，并详细说明划转的商业目的。

（2）交易双方或多方签订的股权或资产划转合同（协议），需有权部门（包括内部和外部）批准的，应提供批准文件。

（3）被划转股权或资产账面净值和计税基础说明。

（4）交易双方按账面净值划转股权或资产的说明（需附会计处理资料）。

（5）交易双方均未在会计上确认损益的说明（需附会计处理资料）。

（6）12个月内不改变被划转股权或资产原来实质性经营活动的承诺书。

交易双方应在股权或资产划转完成后的下一年度的企业所得税年度申报时，各自向主管税务机关提交书面情况说明，以证明被划转股权或资产自划转完成日后连续12个月内，没有改变原来的实质性经营活动。交易一方在股权或资产划转完成日后连续12个月内发生生产经营业务、公司性质、资产或股权结构等情况变化，致使股权或资产划转不再符合特殊性税务处理条件的，发生变化的交易一方应在情况发生变化的30日内报告其主管税务机关，同时书面通知另一方。另一方应在接到通知后30日内将有关变化报告其主管税务机关。

如在12个月内发生不再符合特殊性税务处理条件的，应在该情况发生变化后60日内，原交易双方应按以下规定进行税务处理：

（1）属于本公告母公司划转资产给子公司的，母公司应按原划转完成时股权或资产的公允价值视同销售处理，并按公允价值确认取得长期股权投资的计税基础；子公司按公允价值确认划入股权或资产的计税基础。属于子公司划转资产给母公司的，子公司应按原划转完成时股权或资产的公允价值视同销售处理；母公司应按撤回或减少投资进行处理。属于子公司之间无偿划转资产的，划出方应按原划转完成时股权或资产的公允价值视同销售处理；母公司根据交易情形和会计处理对划出方按分回股息进行处理，或者按撤回或减少投资进行处理，对划入方按以股权或资产的公允价值进行投资处理；划入方按接受母公司投资处理，以公允价值确认划入股权或资产的计税基础。

（2）交易双方应调整划转完成纳税年度的应纳税所得额及相应股权或资产的计税基础，向各自主管税务机关申请调整划转完成纳税年度的企业所得税年度申报表，依法计算缴纳企业所得税。

《国家税务总局关于企业重组业务企业所得税征收管理若干问题的公告》（国家税务总局公告2015年第48号）规定，企业重组业务适用特殊性税务处理的，申报时，应从以下方面逐条说明企业重组具有合理的商业目的：

（1）重组交易的方式；

（2）重组交易的实质结果；

（3）重组各方涉及的税务状况变化；

（4）重组各方涉及的财务状况变化；

（5）非居民企业参与重组活动的情况。

企业重组业务适用特殊性税务处理的，申报时，当事各方还应向主管税务机关提交重组前连续12个月内有无与该重组相关的其他股权、资产交易情况的说明，并说明这些交易与该重组是否构成分步交易，是否作为一项企业重组业务进行处理。适用特殊性税务处理的企业，在以后年度转让或处置重组资产（股权）时，应在年度纳税申报时对资产（股权）转让所得或损失情况进行专项说明，包括特殊性税务处理时确定的重组资产（股权）计税基础与转让或处置时的计税基础的比对情况，以及递延所得税负债的处理情况等。

适用特殊性税务处理的企业，在以后年度转让或处置重组资产（股权）时，主管税务机关应加强评估和检查，将企业特殊性税务处理时确定的重组资产（股权）计税基础与转让或处置时的计税基础及相关的年度纳税申报表比对，发现问题的，应依法进行调整。

4. 政府主管部门划转资产给企业

企业之间资产划转在企业所得税处理上可以选择适用特殊性税务处理，即双方之间不按销售转让资产处理。现实中，有的政府主管部门如财政部门、国资委等部门也会主导在国有企业之间划转资产或股权，这种情况不符合《财政部、国家税务总局关于促进企业重组有关企业所得税处理问题的通知》（财税〔2014〕109号）规定，主要是因为该文件规范的是企业之间的资产化转行为，政府有关部门主导的资产划转应按现行的税收政策执行，无相关税收优惠政策的，按一般的视同销售行为处理。

下面看一则政府部门主导的划转公告案例，公告如下：

证券代码：600833 证券简称：第一医药 公告编号：临2020-048

上海第一医药股份有限公司关于控股股东部分国有股权无偿划转的提示性公告

本公司董事会及全体董事保证本公告内容不存在任何虚假记载、误导性陈述或者重大遗漏，并对其内容的真实性、准确性和完整性承担个别及连带责任。

重要内容提示：本次控股股东国有股权无偿划转后，不会导致公司控股股东及实际控制人发生变更。

（1）本次无偿划转的基本情况

上海第一医药股份有限公司（以下简称"公司"）近日收到控股股东百联集团有限公司（以下简称"百联集团"）转来的通知，主要内容如下：

为贯彻落实《国务院关于印发划转部分国有资本充实社保基金实施方案的通知》（国发〔2017〕49号）、《财政部人力资源社会保障部国资委税务总局证监会关于全面推开划转部分国有资本充实社保基金工作的通知》（财资〔2019〕49号）和《上海市人民政府关于印发〈上海市划转部分国有资本充实社保基金实施方案〉的通知》（沪府发〔2020〕3号）要求，积极稳妥做好划转部分国有资本充实社保基金工作，经上海市财政局、上海市国有资产监督管理委员会、上海市人力资源和社会保障局审核确认，将上海市国有资产监督管理委员会（以下简称"上海国资委"）持有的百联集团有限公司10%的国有股权（国有资本）一次性划转给上海市财政局持有（以下简称"本次无偿划转"），此次国有股权划转以2019年12月31日为基准日。

本次无偿划转完成前，上海国资委持有百联集团100%股权，百联集团持有公司44.95%股份，上海国资委为公司实际控制人，百联集团为公司控股股东。具体股权控制关系如下图所示：

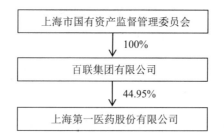

本次无偿划转完成后，上海国资委持有百联集团90%股权，上海市财政局持有百联集团10%股权，百联集团仍持有公司44.95%股份，上海国资委为公司实际控制人，百联集团为公司控股股东。具体股权结构如下图：

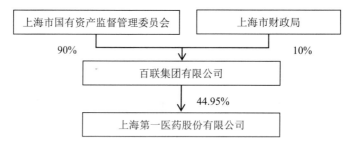

本次无偿划转不会导致公司控股股东、实际控制人发生变更。

（2）本次无偿划转所涉及后续事项

公司将密切关注上述事项的进展，并按照相关法律法规及上海证券交易所的相关规定，及时履行信息披露义务。

特此公告。

上海第一医药股份有限公司董事会

2020年10月10日

企业所得税分析：本次资产划转是政府行政机关之间的资产划转，政府行政机关不属于企业所得税纳税人，因而不涉及企业所得税。但如果是在政府部门主导之下的企业之间资产划转，如上海市国资委要求百联集团有限公司将资产划转给其他国有企业，则不能适用财税〔2014〕109号文件。

《国家税务总局稽查局关于2017年股权转让检查工作的指导意见》（税总稽便函〔2017〕165号）就"关于国资委控股企业间的股权无偿划拨适用政策的问题"明确规定，《财政部国家税务总局关于促进企业重组有关企业所得税处理问题的通知》（财税〔2014〕109号）第三条规定，对100%直接控制的居民企业之间，以及受同一或相同多家居民企业100%直接控制的居民企业之间按账面净值划转股权或资产，凡具有合理商业目的、不以减少、免除或者推迟缴纳税款为主要目的，股权或资产划转后连续12个月内不改变被划转股权或资产原来实质性经营活动，且划出方企业和划入方企业均未在会计上确认损益的，可以适用特殊性税务处理。因国资委并不是企业，国资委100%控股企业间的股权无偿划拨的情况，不适用这一政策。

第五节　资产收购（划转）的运用规划

资产收购在税务处理上，由于企业之间的资产收购必然涉及资产所有权属的变化，因此，税收上是要视同销售缴纳各项税收的，其中包括增值税、消费税、土地增值税、企业所得税和契税等。企业资产转移除了转让或销售以外，还可以考虑资产投资、无偿划转或其他重组等方式。通过这些方式的运用，达到减少纳税的目的，重点可以关注以下税收处理问题。

一、股票金融资产划转不缴纳增值税

《财政部、国家税务总局关于明确无偿转让股票等增值税政策的公告》（财政部、国家税务总局公告2020年第40号）规定，纳税人无偿转让股票包含无偿划转行为，按买入价为卖出价即销售金融资产无增值无需纳税。转入方再转让划入股票时以上家卖出价（即上家买入价）为买入价，相当于上家买入价平移给下家，增值税递延至下家缴纳。无偿划转股票不征收增值税仅适用股票金融资产，其他金融资产、货物、无形资产、不动产等无偿划转行为，仍是要视同销售缴纳增值税。具体运用该项政策时，如企业将自有的股票金融资产无偿转让给关联方小规模纳税人企业或自然人股东个人，由于小规模纳税人缴纳增值税适用征收率低于一般纳税人企业，原本企业转让金融商品应该缴纳税率为6%的增值税就可以大大减少。

其他资产收购或划转时，如将相关的债务和劳动力一并转让的，虽可以不征收增值税，但债务不属于经营性资产，会影响企业所得税特殊性税务处理。

二、资产投资不缴纳土地增值税

企业销售不动产按照土地增值税法规定，需要就增值额部分缴纳土地增值税，最低税率30%，最高税率为60%，其税负是较高的。但是，企业资产重组时，将销售行为转换为划转投资行为，根据《财政部、国家税务总局关于继续实施企业改制重组有关土地增值税政策的通知》（财税〔2018〕57号）规定，非房地产企业之间平价划转投资不动产，不征收土地增值税。

三、资产无偿划转免征契税

根据《财政部、国家税务总局关于继续支持企业事业单位改制重组有关契税政策的通知》（财税〔2018〕17号）第六条规定，对承受县级以上人民政府或国有资产管理部门按规定进行行政性调整、划转国有土地、房屋权属的单位，免征契税。同一投资主体内部所属企业之间土地、房屋权属的划转，包括母公司与其全资子公司之间，同一公司所属全资子公司之间，同一自然人与其设立的个人独资企业、一人有限公司之间土地、房屋权属的划转，免征契税。母公司以土地、房屋权属向其全资子公司增资，视同划转，免征契税。

四、特殊性税务处理和一般性税务处理选择

资产收购符合一定条件，可以选择特殊性处理，也可以选择一般性税务处理，而对于被收购资产的企业来说，选择特殊性税务处理其资产增值所得可以暂时不纳税，因此，一般情况下应选择特殊性税务处理。相反，如转让减值资产，其资产损失可以在转让时确认，可以抵减其他应税所得，可以少缴纳企业所得税，应选择一般性税务处理。

但当企业存在以前年度亏损需要弥补或重组当期可以享受税收优惠的情况下，则要结合具体情况分析处理。如某企业资产被收购，资产转让应确认所得1 000万元，但企业存在5年内可以弥补的亏损1 200万元，如不及时弥补则可能逾期。因此，企业在符合特殊性税务处理的条件下，也可以选择一般性税务处理，当期确认资产转让所得1 000万元，弥补亏损后仍不需要缴纳企业所得税。但如果企业选择特殊性税务处理的话，虽然当期可以不确认1 000万元所得，但其取得被收购企业股权的计税基础要减少1 000万元，其资产隐含的增值将在转让股权时实现，应税所得只是实现递延，到时仍要确认所得缴纳企业所得税。

五、资产转移的多种选择

企业之间的资产转移可以通过销售、投资、资产收购和资产划转方式，每一种方式税收处理都是有差异的，销售方式正常缴纳相关的全部税收，上游企业缴纳的增值税进项税额下游企业可以抵扣。非货币性资产投资实现的所得可以递延5年纳税，如企业存在前期亏损和后期经营期持续亏损可以选择递延纳税方式尽量多弥补亏损。资产收购方式既可以选择一般性税务处理，也可以选择特殊性税务处理，同时也可能符合资产划转的特殊性税务处理，双方的税收利益可能是不对称的。而且，不动产投资不缴纳土地增值税，但要缴纳契税；划转免征契税，但要缴纳土地增值税。综上所述，资产转移选择哪一种方式，适合哪一项税收政策，这些都需要全面考虑，综合选择分析。

六、分公司转变为子公司规划

企业的分公司不具有独立的法人资格，分公司要转变为子公司不能先在市场监管部门直接登记转为子公司，可以先设立一个全资子公司，再将分公司净资产相关人员整体划转（投资）给全资子公司，可以实现不缴纳企业所得税、增值税、土地增值税、契税的节税效果。以下公告案例可以采取这种操作方法实现税收规划目的。

【举例】金轮科创股份有限公司关于公司高新技术企业所得税优惠

项目备案申请未获通过的公告

中国证券报（北京）2015-03-07

本公司及董事会全体成员保证信息披露的内容真实、准确、完整，没有虚假记载、误导性陈述或重大遗漏。

近日，金轮科创股份有限公司（以下简称"公司"）收到江苏省科学技术厅、江苏省财政厅、江苏省国家税务局、江苏省地方税务局联合认定的《高新技术企业证书》。

（一）企业所得税优惠项目备案情况

公司收到《高新技术企业证书》后向主管税务机关提出所得税优惠项目备案申请。根据2015年3月6日海门市国家税务局出具的备案意见，由于公司2014年受到税务行政处罚，根据《高新技术企业认定管理办法》第十五条之规定，不得享受高新技术企业所得税优惠政策，且5年内不再受理企业的认定申请。因此，公司不能享受高新技术企业所得税优惠税率，2014年度企业所得税税率为25%。

（二）对公司经营业绩的影响

公司已于2015 年2 月27 日发布2014年度业绩快报，对公司2014年度的经营业绩和财务状况进行了说明。由于公司在2014年度已按照25%税率计缴企业所得税，因此公司2014年度企业所得税优惠项目备案申请未获通过不会对公司已公告的2014年度经营业绩造成影响。

根据公司上市后的发展规划，母公司定位为投资控股和运营整合，原有生产、经营业务由子公司承接，目前母公司梳理器材业务已全部转入子公司。未来子公司将在具备高新技术企业认定条件后独立申请高新技术企业资格。

特此公告。

金轮科创股份有限公司董事会

2015年3 月7日

【规划分析】

第一，金轮科创股份有限公司先认缴设立全资子公司；第二，金轮科创股份有限公司将整体资产平价划转给子公司，按账面价值作平价投资处理。为了规划土地增值税，可以先将不动产认缴出资，再将剩余净资产认缴出资额或作为资本公积。

七、划转资产至特定地公司规划

一般企业将自己的资产或持有的金融资产股票转让后，实现的转让增值额要按规定缴纳25%的企业所得税和相应税率的增值税。如果企业在一些有税收优惠政策的"税收洼地"，或纳税后有地方财政奖励的特定地区设立目标公司，企业将资产或股票转移至特定地的目标公司后，在满足一定时间后由目标公司转让销售，实现税收在特定地缴纳，可以享受"税收洼地"的优惠政策或当地的财政奖励，给企业带来额外的收益。

八、无偿划转资产避税风险

资产划转在企业所得税方面，可以实现资产的平移，不视同销售，资产隐含的增值递延至划入企业，因此，不排除有些关联方企业之间资产划转有避税的安排。如盈利企业隐含增值的资产划转给亏损关联方企业，等到一定时间后，再由亏损企业销售实现利润，从而弥补亏损企业的亏损，达到少纳税的目的。这种资产划转避税安排，由于不具有合理的商业目的，很可能会被税务机关查处，企业要避免这方面的税收风险。如下例：

企业如何利用特殊性税务处理优惠政策避税1.4亿

2017-11-22　青岛市国税局

集团内部的税收筹划在集团的日常运营过程中很常见。其中，利用企业重组的特殊性税务处理来降低集团整体税负就是一种很常见的税收筹划。但是，如果在操作过程中没有严格按照相关税法规定处理，就可能会有很大的税务风险。近日，W集团公司就因违规适用特殊性税务处理的优惠政策被税务机关查处。

症状　短期频繁转让引关注

2015年3月23日，山东W集团公司将旗下7家全资子公司的全部股权转让给青岛甲集团全资子公司A公司，转让对价合计为27.10亿元。2016年10月11日，A公司与同一集团下的全资子公司B公司和全资子公司C公司签订《股权无偿划转协议》，将W集团公司旗下7家全资子公司全部股权无偿划转。仅两个月后，B公司和C公司又分别通过产权交易所挂牌这7家公司各90%的股权，最终由乙集团的M公司接手，支付对价合计为41.84亿元。

经了解，这一连串股权转让的实质，是W集团公司旗下7家全资子公司持有的青岛市某区的7宗商住用地。A公司买入上述地块后，转让给M公司并取得转让收益。整个过程共三个环节涉及转让税款。其中，

第二次是2016年10月，甲集团A公司与同一集团的B公司、C公司之间的内部股权划转，因作了特殊性重组备案，未确认转让所得；

第三次是2016年12月，B公司和C公司将W集团公司旗下7家全资子公司的股权转让给集团外的M公司。

两次股份转让时间跨度极短，只有两个月。特别是第二次股权转让还享受了特殊性重组待遇，这种异常情况引起了税务机关的注意。

诊断　特殊税务处理不适用

2015年，国家税务总局发布《关于资产（股权）划转企业所得税征管问题的公告》（国家税务总局公告2015年第40号），对《财政部、国家税务总局关于促进企业重组有关企业所得税处理问题的通知》（财税〔2014〕109号）中有关资产（股权）划转适用"免税"（特殊性税务处理）的相关问题予以了细化和明确。根据规定，对受同一居民企业100%直接控制的居民企业之间按账面净值划转股权或资产，凡符合具有合理商业目的、不以减少、免除或者推

迟缴纳税款为主要目的，股权或资产划转后连续12个月内不改变被划转股权或资产原来实质性经营活动等条件的，可暂不确认所得，划入方企业以股权的原账面净值确定计税基础。

显然，A公司将7项股权划转给B公司和C公司两个月后，就将被划转股权作了转让，不符合"连续12个月内不改变被划转股权原来实质性经营活动"的规定。甲集团的一系列行为是出于避税目的，鉴于A公司近5年无可弥补亏损，如果直接转让W集团公司旗下7家全资子公司给M公司，将缴纳企业所得税4.36亿元。而B公司和C公司近5年可弥补亏损额为3.92亿元和1.67亿元。通过这两家公司来转让，只需缴纳企业所得税2.96亿元，少缴纳1.4亿元（4.36-2.96），集团整体税负减少32.11%。最终，税务机关否定了甲集团的税收筹划方案，即利用内部巨亏企业的可弥补亏损额减少集团股权转让整体所得税负担。

第四章

股权收购企业所得税财税规划

　　股权收购是企业重组的一种主要方式，现实中运用较为普遍。对于收购方来说，通过对其他企业的股权收购行为，可以达到控制其他企业或参与其他企业经营管理，从而获取投资收益的目的。对于被收购方来说，股权转让后可以将股权资产变现为货币性资产或其他非货币性资产，可能获得一定的收益也可能发生损失。股权收购对于购销双方在企业所得税处理上，可以有两种不同的处理方式，一种是需要纳税的一般性税务处理，另一种是暂时不需要纳税的特殊性税务处理。本章主要介绍这两种不同的税收处理方式，纳税人在股权收购的重组业务中，可以根据企业实际情况分析选择，合理降低税负，促进企业重组改制的顺利实施。

第一节　股权收购与收购方式

　　股权收购是企业的一种资产收购行为，也是一项投资行为。对于被收购方来说，则是一项资产的转让行为。关于股权收购的概念，不同的法律法规对此的叙述不同。

一、公司法规定

《中华人民共和国公司法》主要是从股权转让角度进行规范。该法第三章就有限责任公司的股权转让规定如下:

有限责任公司的股东之间可以相互转让其全部或者部分股权。股东向股东以外的人转让股权,应当经其他股东过半数同意。股东应就其股权转让事项书面通知其他股东征求同意,其他股东自接到书面通知之日起满三十日未答复的,视为同意转让。其他股东半数以上不同意转让的,不同意的股东应当购买该转让的股权;不购买的,视为同意转让。经股东同意转让的股权,在同等条件下,其他股东有优先购买权。两个以上股东主张行使优先购买权的,协商确定各自的购买比例;协商不成的,按照转让时各自的出资比例行使优先购买权。公司章程对股权转让另有规定的,从其规定。

人民法院依照法律规定的强制执行程序转让股东的股权时,应当通知公司及全体股东,其他股东在同等条件下有优先购买权。其他股东自人民法院通知之日起满二十日不行使优先购买权的,视为放弃优先购买权。

依照上述规定转让股权后,公司应当注销原股东的出资证明书,向新股东签发出资证明书,并相应修改公司章程和股东名册中有关股东及其出资额的记载。对公司章程的该项修改不需再由股东会表决。

有下列情形之一的,对股东会该项决议投反对票的股东可以请求公司按照合理的价格收购其股权:(1)公司连续五年不向股东分配利润,而公司该五年连续盈利,并且符合本法规定的分配利润条件的;(2)公司合并、分立、转让主要财产的;(3)公司章程规定的营业期限届满或者章程规定的其他解散事由出现,股东会会议通过决议修改章程使公司存续的。自股东会会议决议通过之日起六十日内，股东与公司不能达成股权收购协议的，股东可以自股东会会议决议通过之日起九十日内向人民法院提起诉讼。自然人股东死亡后，其合法继承人可以继承股东资格；但是，公司章程另有规定的除外。

《中华人民共和国公司法》第五章就股份有限公司的股份转让规定如下：

股东持有的股份可以依法转让。股东转让其股份，应当在依法设立的证券交易场所进行或者按照国务院规定的其他方式进行。记名股票，由股东以背书方式或者法律、行政法规规定的其他方式转让；转让后由公司将受让人的姓名或者名称及住所记载于股东名册。

股东大会召开前二十日内或者公司决定分配股利的基准日前五日内，不得进行前款规定的股东名册的变更登记。但是，法律对上市公司股东名册变更登记另有规定的，从其规定。

无记名股票的转让，由股东将该股票交付给受让人后即发生转让的效力。发起人持有的本公司股份，自公司成立之日起一年内不得转让。公司公开发行股份前已发行的股份，自公司股票在证券交易所上市交易之日起一年内不得转让。公司董事、监事、高级管理人员应当向公司申报所持有的本公司的股份及其变动情况，在任职期间每年转让的股份不得超过其所持有本公司股份总数的百分之二十五；所持本公司股份自公司股票上市交易之日起一年内不得转让。上述人员离职后半年内，不得转让其所持有的本公司股份。公司章程可以对公司董事、监事、高级管理人员转让其所持有的本公司股份作出其他限制性规定。

公司不得收购本公司股份。但是，有下列情形之一的除外：

（1）减少公司注册资本；

（2）与持有本公司股份的其他公司合并；

（3）将股份用于员工持股计划或者股权激励；

（4）股东因对股东大会作出的公司合并、分立决议持异议，要求公司收购其股份；

（5）将股份用于转换上市公司发行的可转换为股票的公司债券；

（6）上市公司为维护公司价值及股东权益所必需。

公司因前款第（1）项、第（2）项规定的情形收购本公司股份的，应当经股东大会决议；公司因前款第（3）项、第（5）项、第（6）项规定的情形收购本公司股份的，可以依照公司章程的规定或者股东大会的授权，经三分之二以上董事出席的董事会会议决议。公司依照规定收购本公司股份后，属于第（1）项情形的，应当自收购之日起十日内注销；属于第（2）项、第（4）项情形的，应当在六个月内转让或者注销；属于第（3）项、第（5）项、第（6）项情形的，公司合计持有的本公司股份数不得超过本公司已发行股份总额的百分之十，并应当在三年内转让或者注销。

上市公司收购本公司股份的，应当依照《中华人民共和国证券法》的规定履行信息披露义务。上市公司因上述第（3）项、第（5）项、第（6）项规定的情形收购本公司股份的，应当通过公开的集中交易方式进行。公司不得接受本公司的股票作为质押权的标的。

记名股票被盗、遗失或者灭失，股东可以依照《中华人民共和国民事诉讼法》规定的公示催告程序，请求人民法院宣告该股票失效。人民法院宣告该股票失效后，股东可以向公司申请补发股票。

上市公司的股票，依照有关法律、行政法规及证券交易所交易规则上市交易。上市公司必须依照法律、行政法规的规定，公开其财务状况、经营情况及重大诉讼，在每会计年度内半年公布一次财务会计报告。

二、会计准则规定

会计上对于企业重组中的股权收购，认为是收购方的一项长期股权投资行为。按照会计制度规定，投资是企业为了获得收益或实现资本增值向被投资单位投放资金的经济行为。企业对外进行的投资，可以有不同的分类。从性质上划分，可以分为债权性投资与权益性投资。《企业会计准则第2号——长期股权投资》规范了符合条件的权益性投资的确认、计量结果和相关信息的披露，其他投资适用《企业会计准则第22号——金融工具确认和计量》等相关准则。根据长期股权投资准则规定，长期股权投资包括以下几个方面：

1. 投资企业能够对被投资单位实施控制的权益性投资，即对子公司投资。控制，是指有权决定一个企业的财务和经营政策，并能据以从该企业的经营活动中获取利益。

2. 投资企业与其他合营方一同对被投资单位实施共同控制的权益性投资，即对合营企业投资。共同控制是指，按照合同约定对某项经济活动共有的控制。合营企业的特点是，合营各方均受到合营合同的限制和约束。一般在合营企业设立时，合营各方在投资合同或协议中约定在所设立合营企业的重要财务和生产经营决策制定过程中，必须由合营各方均同意才能通过。该约定可能体现为不同的形式，例如可以通过在合营企业的章程中规定，也可以通过制定单独的合同作出约定。共同控制的实质是通过合同约定建立起来的、合营各方对合营企业共有的控制。实务中，在确定是否构成共同控制时，一般可以考虑以下情况作为确定基础：

（1）任何一个合营方均不能单独控制合营企业的生产经营活动。

（2）涉及合营企业基本经营活动的决策需要各合营方一致同意。

（3）各合营方可能通过合同或协议的形式任命其中的一个合营方对合营企业的日常活动进行管理，但其必须在各合营方已经一致同意的财务和经营政策范围内行使管理权。当被投资单位处于法定重组或破产中，或者在向投资方转移资金的能力受到严格的长期限制情况下经营时，通常投资方对被投资单位可能无法实施共同控制。但如果能够证明存在共同控制，合营各方仍应当按照长期股权投资准则的规定采用权益法核算。

3. 投资企业对被投资单位具有重大影响的权益性投资，即对联营企业投资。重大影响，是指对一个企业的财务和经营政策有参与决策的权力，但并不能够控制或者与其他方一起共同控制这些政策的制定。实务中，较为常见的重大影响体现为在被投资单位的董事会或类似权力机构中派有代表，通过在被投资单位生产经营决策制定过程中的发言权实施重大影响。投资企业直接或通过子公司间接拥有被投资单位20%以上但低于50%的表决权股份时，一般认为对被投资单位具有重大影响，除非有明确的证据表明该种情况下不能参与被投资单位的生产经营决策，不形成重大影响。在确定能否对被投资单位施加重大影响时，一方面应考虑投资企业直接或间接持有被投资单位的表决权股份，同时要考虑企业及其他方持有的现行可执行潜在表决权在假定转换为对被投资单位的股权后产生的影响，如被投资单位发行的现行可转换的认股权证、股份期权及可转换公司债券等的影响。

企业通常可以通过以下一种或几种情形来判断是否对被投资单位具有重大影响：

（1）在被投资单位的董事会或类似权力机构中派有代表。这种情况下，由于在被投资单位的董事会或类似权力机构中派有代表，并享有相应的实质性的参与决策权，投资企业可以通过该代表参与被投资单位经营政策的制定，达到对被投资单位施加重大影响。

（2）参与被投资单位的政策制定过程，包括股利分配政策等的制定。这种情况下，因可以参与被投资单位的政策制定过程，在制定政策过程中可以为其自身利益提出建议和意见，从而可以对被投资单位施加重大影响。

（3）与被投资单位之间发生重要交易。有关的交易因对被投资单位的日常经营具有重要性，进而一定程度上可以影响到被投资单位的生产经营决策。

（4）向被投资单位派出管理人员。这种情况下，通过投资企业对被投资单位派出管理人员，管理人员有权力负责被投资单位的财务和经营活动，从而能够对被投资单位施加重大影响。

（5）向被投资单位提供关键技术资料。因被投资单位的生产经营需要依赖投资企业的技术或技术资料，表明投资企业对被投资单位具有重大影响。

三、企业所得税规定

企业所得税中的股权属于投资人的权益性投资资产。《中华人民共和国企业所得税法实施条例》第五十六条规定，企业的各项资产，包括固定资产、生物资产、无形资产、长期待摊费用、投资资产、存货等，以历史成本为计税基础。第七十一条规定，企业所得税法第十四条所称投资资产，是指企业对外进行权益性投资和债权性投资形成的资产。企业在转让或者处置投资资产时，投资资产的成本，准予扣除。

企业重组的所得税政策认为，股权收购，是指一家企业（称为"收购企业"）购买另一家企业（称为"被收购企业"）的股权，以实现对被收购企业控制的交易。收购企业支付对价的形式包括股权支付、非股权支付或两者的组合。

《财政部、国家税务总局关于企业重组业务企业所得税处理若干问题的通知》（财税〔2009〕59号）规定，股权支付，是指企业重组中购买、换取资产的一方支付的对价中，以本企业或其控股企业的股权、股份作为支付的形式；非股权支付，是指以本企业的现金、银行存款、应收款项、本企业或其控股企业股权和股份以外的有价证券、存货、固定资产、其他资产以及承担债务等作为支付的形式。对于上述所称控股企业的解释，《企业重组业务企业所得税管理办法》（国家税务总局公告2010年第4号）规定，是指由本企业直接持有股份的企业。

税收上对于股权收购支付对价中的股权支付额超过总支付额一定比例的，规定了不同的税收处理办法，因此，需要明确区分哪些是股份支付，哪些不属于股份支付。

第二节　股权收购的会计处理

一、初始计量

股权投资对于投资方（收购方）来说，按长期股权投资或金融资产进行会计核算，本节主要介绍长期股权投资核算。长期股权投资，是指投资方对被投资单位实施控制、重大影响的权益性投资，以及对其合营企业的权益性投资。

长期股权投资核算中分为两种情形：企业合并形成的长期股权

投资和其他方式取得的长期股权投资。

（一）企业合并投资

根据企业会计制度的相关规定，企业合并是指将两个或者两个以上单独的企业合并形成一个报告主体的交易或事项。根据定义中的阐述，一项交易或事项是否形成企业合并，关键是看交易或事项发生前与发生后是否引起报告主体的变化，即由发生前的两个或两个以上的报告主体，变为发生后的一个报告主体。企业合并形成的长期股权投资，应当按照下列规定确定其初始投资成本：

1. 同一控制下的企业合并，合并方以支付现金、转让非现金资产或承担债务方式作为合并对价的，应当在合并日按照被合并方所有者权益在最终控制方合并财务报表中的账面价值的份额作为长期股权投资的初始投资成本。长期股权投资初始投资成本与支付的现金、转让的非现金资产以及所承担债务账面价值之间的差额，应当调整资本公积；资本公积不足冲减的，调整留存收益。

合并方以发行权益性证券作为合并对价的，应当在合并日按照被合并方所有者权益在最终控制方合并财务报表中的账面价值的份额作为长期股权投资的初始投资成本。按照发行股份的面值总额作为股本，长期股权投资初始投资成本与所发行股份面值总额之间的差额，应当调整资本公积；资本公积不足冲减的，调整留存收益。

【举例】20×9年6月30日，P公司向同一集团内S公司的原股东定向增发1 000万股普通股（每股面值1元，市价为8.68元），取得S公司100%的股权，并于当日起能够对S公司实施控制。合并后S公司仍维持其独立法人资格继续经营。两公司在企业合并前采用的会计政策相同。合并日，S公司所有者权益的总额为4 404万元（如与最终控制方合并财务报表中的账面价值的份额一致）。

S公司在合并后维持其法人资格继续经营，合并日P公司应确认对S公司的长期股权投资，其成本为合并日享有S公司账面所有者权益的份额，账务处理为：

借：长期股权投资　　　　　　　　44 040 000

　　贷：股本　　　　　　　　　　10 000 000

　　　　资本公积——股本溢价　　34 040 000

2. 非同一控制下的企业合并，购买方在购买日应当按照确定的合并成本作为长期股权投资的初始投资成本。企业合并成本包括购买方付出的资产、发生或承担的负债、发行的权益性证券的公允价值以及为进行企业合并发生的各项直接相关费用之和。通过多次交换交易，分布取得股权最终形成企业合并的，企业合并成本为每一次单项交换交易的成本之和。但合并方或购买方为企业合并发生的审计、法律服务、评估咨询等中介费用以及其他相关管理费用，应当于发生时计入当期损益。

【举例】A公司于20×9年3月31日取得B公司70%的股权，取得该部分股权后能够控制B公司的生产经营决策。为核实B公司的资产价值，A公司聘请专业资产评估机构对B公司的资产进行评估，支付评估费用20万元。合并中，A公司支付的有关资产在购买日的账面价值与公允价值如下表所示。本例中假定合并前A公司与B公司不存在任何关联关系。

单位：万元

项目	账面价值	公允价值
土地使用权（自用）	4 000（不含摊销）	6 400
专利技术	1 600（不含摊销）	2 000
银行存款	1 600	1 600
合计	7 200	10 000

注：A公司用作合并对价的土地使用权和专利技术原价合计为6 400万元，至合并发生时已累计摊销合计800万元。

本例中A公司与B公司在合并前不存在任何关联关系，应作为非同一控制下的企业合并处理。A公司对于合并形成的对B公司的长期股权投资，应进行的账务处理为：

借：长期股权投资　　　　　10 000

　　累计摊销　　　　　　　800

　　贷：无形资产　　　　　6 400（4 000+1 600+800）

　　　　银行存款　　　　　1 620

　　　　投资收益　　　　　2 780

（二）非企业合并投资

除企业合并形成的长期股权投资以外，其他方式取得的长期股权投资，应当按照下列规定确定其初始投资成本：

1. 以支付现金取得的长期股权投资，应当按照实际支付的购买价款作为初始投资成本。初始投资成本包括与取得长期股权投资直接相关的费用、税金及其他必要支出。

【举例】甲公司于20×9年2月10日自公开市场中买入乙公司20%的股份，实际支付价款16 000万元。另外，在购买过程中支付手续费等相关费用400万元。甲公司取得该部分股权后能够对乙公司的生产经营决策施加重大影响。

甲公司应按照实际支付的购买价款作为取得长期股权投资的成本，其账务处理为：

借：长期股权投资　　　　　164 000 000

　　贷：银行存款　　　　　164 000 000

2. 以发行权益性证券取得的长期股权投资，应当按照发行权益性证券的公允价值作为初始投资成本。与发行权益性证券直接相关的费用，应当按照《企业会计准则第37号——金融工具列报》的有关规定确定。

【举例】20×9年3月，A公司通过增发6 000万股本公司普通股（每股面值1元）取得B公司20%的股权，按照增发前后的平均股价计算，该6 000万股普通股份的公允价值为10 400万元。为增发该部分股份，A公司向证券承销机构支付了400万元的佣金和手续费。假定A公司取得该部分股权后能够对B公司的生产经营决策施加重大影响。

本例中A公司应当以所发行股份的公允价值作为取得长期股权投资的成本，账务处理为：

借：长期股权投资　　　　　　　　104 000 000

　　贷：股本　　　　　　　　　　　60 000 000

　　　　资本公积——股本溢价　　　44 000 000

发行权益性证券过程中支付的佣金和手续费，应冲减权益性证券的溢价发行收入：

借：资本公积——股本溢价　　　4 000 000

　　贷：银行存款　　　　　　　　4 000 000

3. 通过非货币性资产交换取得的长期股权投资，其初始投资成本应当按照《企业会计准则第7号——非货币性资产交换》的有关规定确定。

4. 通过债务重组取得的长期股权投资，其初始投资成本应当按照《企业会计准则第12号——债务重组》的有关规定确定。

对于转让方来说，股权被收购方收购，按转让处置长期股权投资处理即可。在会计处理上，企业处置长期股权投资，其账面价值与实际取得价款的差额，应当计入当期损益。采用权益法核算的长期股权投资，因被投资单位除净损益以外所有者权益的其他变动而计入所有者权益的，处置该项投资时应当将原计入所有者权益的部分按相应比例转入当期损益。

二、后续计量

（一）成本法下长期股权投资的后续计量

投资方能够对被投资单位实施控制的长期股权投资应当采用成本法核算。在会计处理上，采用成本法核算的长期股权投资应当按照初始投资成本计价。追加或收回投资应当调整长期股权投资的成本。被投资单位宣告分派的现金股利或利润，应当确认为当期投资收益。

投资企业确认投资收益，仅限于被投资单位接受投资后产生的累积净利润的分配额，所获得的利润或现金股利超过上述数额的部分作为初始投资成本的收回。

《财政部关于印发企业会计准则解释第3号的通知》（财会〔2009〕8号）第一条就采用成本法核算的长期股权投资，投资企业取得被投资单位宣告发放的现金股利或利润，应当如何进行会计处理时答复如下：采用成本法核算的长期股权投资，除取得投资时实际支付的价款或对价中包含的已宣告但尚未发放的现金股利或利润外，投资企业应当按照享有被投资单位宣告发放的现金股利或利润确认投资收益，不再划分是否属于投资前和投资后被投资单位实现的净利润。

投资方应当关注长期股权投资的账面价值是否大于享有被投资单位所有者权益账面价值的份额等类似情况。出现类似情况时，投资方应当按照《企业会计准则第8号——资产减值》对长期股权投资进行减值测试，可收回金额低于长期股权投资账面价值的，应当计提减值准备。

（二）权益法下长期股权投资的后续计量

投资方对联营企业和合营企业的长期股权投资，投资企业对被投资单位具有共同控制或重大影响的长期股权投资，应当采用权益法核算。会计处理上：

1. 长期股权投资的初始投资成本大于投资时应享有被投资单位可辨认净资产公允价值份额的，不调整长期股权投资的初始投资成本；长期股权投资的初始投资成本小于投资时应享有被投资单位可辨认净资产公允价值份额的，其差额应当计入当期损益，同时调整长期股权投资的成本。

【举例】甲企业于20×9年1月取得A公司30%的股权，支付价款6 000万元。取得投资时A公司净资产账面价值为10 000万元，公允价值15 000万元。

甲企业在取得A公司的股权后，初始投资成本为6 000万元，但在A公司净资产公允价值份额为4 500万元（15 000×30%），初始投资成本大于公允价值份额1 500万元，不调整长期股权投资成本。即账务处理为：

借：长期股权投资　　　6 000
　　贷：银行存款　　　　　6 000

假如本例中，取得被投资单位净资产公允价值为22 000万元，则甲企业按持股比例计算应享有A公司净资产价值的份额为6 600万元（22 000×30%），比初始投资成本6 000万元多600万元。此项差额应计入取得投资当期的营业外收入，账务处理如下：

借：长期股权投资　　　6 600
　　贷：银行存款　　　　　6 000
　　　营业外收入　　　　　600

2. 投资方取得长期股权投资后，应当按照应享有或应分担的被投资单位实现的净损益和其他综合收益的份额，分别确认投资收益和其他综合收益，同时调整长期股权投资的账面价值。投资方按照被投资单位宣告分派的利润或现金股利计算应享有的部分，相应减少长期股权投资的账面价值。投资方对于被投资单位除净损益、其他综合收益和利润分配以外所有者权益的其他变动，应当调整长期股权投资的账面价值并计入所有者权益。

3. 投资方在确认应享有被投资单位净损益的份额时，应当以取得投资时被投资单位可辨认净资产的公允价值为基础，对被投资单位的净利润进行调整后确认。被投资单位采用的会计政策及会计期间与投资方不一致的，应当按照投资方的会计政策及会计期间对被投资单位的财务报表进行调整，并据以确认投资收益和其他综合收益等。

4. 投资方确认被投资单位发生的净亏损，应当以长期股权投资的账面价值以及其他实质上构成对被投资单位净投资的长期权益减记至零为限，投资方负有承担额外损失义务的除外。被投资单位以后实现净利润的，投资方在其收益分享额弥补未确认的亏损分担额后，恢复确认收益分享额。

5. 投资方计算确认应享有或应分担被投资单位的净损益时，与联营企业、合营企业之间发生的未实现内部交易损益按照应享有的比例计算归属于投资方的部分，应当予以抵销，在此基础上确认投资收益。

第三节　股权收购一般性税务处理

按照企业所得税法规定，股权收购行为中，收购方是股权投资行为，涉及其长期股权投资计税基础的确定。而被收购方是转让股权行为，涉及长期股权投资转让所得或损失，如有转让所得应该按规定缴纳企业所得税，如有转让损失，亦可按规定在税前扣除。

一、投资计税成本确定

投资计税成本的确定，与其他资产一样按照实际发生的历史成本确定。《中华人民共和国企业所得税法实施条例》第七十一条就投资资产计税基础确定问题规定，企业所得税法第十四条所称投资资产，是指企业对外进行权益性投资和债权性投资形成的资产。企业在转让或者处置投资资产时，投资资产的成本，准予扣除。投资资产按照以下方法确定成本：

（1）通过支付现金方式取得的投资资产，以购买价款为成本；

（2）通过支付现金以外的方式取得的投资资产，以该资产的公允价值和支付的相关税费为成本。

二、企业股权转让所得计算

企业股权转让计算所得时，只允许扣除投资成本，转让股权时随同转让的税后未分配利润、各项资本公积等留存收益，除企业清算外，不得扣除。

（一）清算所得计算

《中华人民共和国企业所得税法实施条例》第十一条规定，企业所得税法第五十五条所称清算所得，是指企业的全部资产可变现价值或者交易价格减除资产净值、清算费用以及相关税费等后的余额。投资方企业从被清算企业分得的剩余资产，其中相当于从被清算企业累计未分配利润和累计盈余公积中应当分得的部分，应当确认为股息所得；剩余资产减除上述股息所得后的余额，超过或者低于投资成本的部分，应当确认为投资资产转让所得或者损失。

（二）股权转让所得计算

《国家税务总局关于贯彻落实企业所得税法若干税收问题的通

知》（国税函〔2010〕79号）第三条关于股权转让所得确认和计算问题规定，企业转让股权收入，应于转让协议生效且完成股权变更手续时，确认收入的实现。转让股权收入扣除为取得该股权所发生的成本后，为股权转让所得。企业在计算股权转让所得时，不得扣除被投资企业未分配利润等股东留存收益中按该项股权所可能分配的金额。

《国家税务总局关于非居民企业所得税源泉扣缴有关问题的公告》（国家税务总局公告2017年第37号）第三条规定，企业所得税法第十九条第二项规定的转让财产所得包含转让股权等权益性投资资产（以下称"股权"）所得。股权转让收入减除股权净值后的余额为股权转让所得应纳税所得额。

股权转让收入是指股权转让人转让股权所收取的对价，包括货币形式和非货币形式的各种收入。股权净值是指取得该股权的计税基础。股权的计税基础是股权转让人投资入股时向中国居民企业实际支付的出资成本，或购买该项股权时向该股权的原转让人实际支付的股权受让成本。股权在持有期间发生减值或者增值，按照国务院财政、税务主管部门规定可以确认损益的，股权净值应进行相应调整。

企业在计算股权转让所得时，不得扣除被投资企业未分配利润等股东留存收益中按该项股权所可能分配的金额。多次投资或收购的同项股权被部分转让的，从该项股权全部成本中按照转让比例计算确定被转让股权对应的成本。

三、股权投资损失税前扣除

《国家税务总局关于企业股权投资损失所得税处理问题的公告》（国家税务总局公告2010年第6号）就企业股权投资损失所得

税处理问题公告如下：企业对外进行权益性（以下简称"股权"）投资所发生的损失，在经确认的损失发生年度，作为企业损失在计算企业应纳税所得额时一次性扣除。

国家税务总局关于发布《企业资产损失所得税税前扣除管理办法》（国家税务总局公告2011年第25号）的公告规定，准予在企业所得税税前扣除的资产损失，是指企业在实际处置、转让上述资产过程中发生的合理损失（以下简称"实际资产损失"），以及企业虽未实际处置、转让上述资产，但符合《通知》和本办法规定条件计算确认的损失（以下简称"法定资产损失"）。

企业实际资产损失，应当在其实际发生且会计上已作损失处理的年度申报扣除。法定资产损失，应当在企业向主管税务机关提供证据资料证明该项资产已符合法定资产损失确认条件，且会计上已作损失处理的年度申报扣除。企业发生的资产损失，应按规定的程序和要求向主管税务机关申报后方能在税前扣除。未经申报的损失，不得在税前扣除。

国家税务总局公告2011年第25号第九条规定，企业按照市场公平交易原则，通过各种交易场所、市场等买卖债券、股票、期货、基金以及金融衍生产品等发生的损失，以清单申报的方式向税务机关申报扣除。

第四十一条规定，企业股权投资损失应依据以下相关证据材料确认：（1）股权投资计税基础证明材料；（2）被投资企业破产公告、破产清偿文件；（3）工商行政管理部门注销、吊销被投资单位营业执照文件；（4）政府有关部门对被投资单位的行政处理决定文件；（5）被投资企业终止经营、停止交易的法律或其他证明文件；（6）被投资企业资产处置方案、成交及入账材料；（7）企业法定代表人、主要负责人和财务负责人签章证实有关投资（权益）性损失的书面申明；（8）会计核算资料等其他相关证据材料。

第四十六条规定，下列股权和债权不得作为损失在税前扣除：（1）债务人或者担保人有经济偿还能力，未按期偿还的企业债权；（2）违反法律、法规的规定，以各种形式、借口逃废或悬空的企业债权；（3）行政干预逃废或悬空的企业债权；（4）企业未向债务人和担保人追偿的债权；（5）企业发生非经营活动的债权；（6）其他不应当核销的企业债权和股权。

四、股权收购一般性税务处理

企业并购重组中的股权收购，是因为转让方转让的股权份额超过了被投资企业股权比例的50%以上，发生了企业控制权的转让。

针对重组中的股权收购所得税处理，《财政部、国家税务总局关于企业重组业务企业所得税处理若干问题的通知》（财税〔2009〕59号）规定，企业重组的税务处理区分不同条件分别适用一般性税务处理规定和特殊性税务处理规定。

企业重组，除符合本通知规定适用特殊性税务处理规定的外，企业股权收购重组交易，相关交易应按以下规定处理：

（1）被收购方应确认股权、资产转让所得或损失。

（2）收购方取得股权或资产的计税基础应以公允价值为基础确定。

（3）被收购企业的相关所得税事项原则上保持不变。

（一）本公司股权支付收购股权实务

关于一般性税务处理的解释及举例，我们可以从《国家税务总局关于企业股权投资差额所得税处理问题的批复的通知》（国税函〔1999〕554号）答复深圳市地方税务局《关于股权投资差额税务处理问题的请示》（深地税发〔1999〕283号）一文中得到解析。

该文件主要内容如下例：

【举例1】深圳市××股份有限公司1998年6月以12 500万元收购广东冠华饲料实业公司的全部股权，广东××饲料实业公司经评估确认的净资产价值为9 789万元。广东××饲料实业公司是广东省顺德××经济开发总公司投资4 600万元创办的全资子公司，该公司1997年12月31日的资产账面净值为6 670万元，经评估确认后的价值为9 789万元。对这笔交易涉及的当事各方所得税的处理问题，批复如下：

（1）××公司长期股权投资的税务处理问题。根据税收法规的规定，企业为取得另一企业的股权支付的全部代价，属股权投资支出不得计入投资企业的当期费用，应作为股权投资的计税成本，待将来转让股权或收回投资时，用以计算股权转让所得或投资收益。因此，××公司取得此项长期股权投资的计税成本应该是实际支付的12 500万元，不论会计上采取何种方法核算，除追加或减少投资外，一律不得调整。

（2）广东顺德××经济开发总公司股权投资转让所得的处理问题。广东顺德××经济开发总公司转让持有的××饲料实业公司的100%股权取得的股权投资收入12 500万元，与其投资成本4 600万元之间的差额，应确认为转让当期的股权投资转让所得，依法缴纳企业所得税。

（3）××饲料实业公司的所得税处理问题。××公司作为独立核算企业仍继续经营，只是股东发生变化，对其净资产进行评估，是股东为了确定股权转让收入的目的，××公司的资产不得按经评估确认的价值调整。

将上述文件答复中税务处理与财税〔2009〕59号股权收购一般性税务处理对照分析，一是被收购方广东顺德××经济开发公司应确认股权转让所得7 900万元（12 500－4 600）。二是收购方深圳××股份公司取得广东××饲料实业公司长期股权投资的计税成本，按照实际支付的价款即公允价值12 500万元确定。三是被收购企业广东××饲料实业公司的相关所得税事项（包括企业自己拥有的资产的计税基础、亏损弥补等事项）保持不变。

（二）控股公司股权支付收购股权实务

【举例2】甲公司收购乙公司持有的丙公司股权。甲公司20×9年8月以现金100万元和本公司持有的公允价值900万元（计税成本150万元）的丁公司股权，从乙公司处购入其所持有的丙公司100%股权，该股权账面计税价值800万元，公允价值1 000万元，双方均按一般性重组处理。政策规定处理如下：

（1）被收购方应确认股权转让所得或损失。被收购方即股权转让方乙公司，转让持有的丙公司股权，获得对价为1 000万元（100+900），减投资成本800万元，确认股权转让所得200万元。

（2）收购方取得股权的计税基础应以公允价值为基础确定。收购方甲公司支付对价1 000万元（现金100万元＋丁公司股权900万元）取得丙公司股权，计税成本按公允价值1 000万元确定。同时，还要确认丁公司股权转让所得750万元（900－150）。

（3）被收购企业的相关所得税事项原则上保持不变。被收购企业这里是指丙公司，丙公司仅仅是股东发生变化，本公司其他所得税事项与股东变化无关。

五、一般性税务处理报备管理

国家税务总局关于发布《企业重组业务企业所得税管理办法》（国家税务总局公告2010年第4号）的公告第十二条规定，企业发生《财政部、国家税务总局关于企业重组业务企业所得税处理若干

问题的通知》（财税〔2009〕59号）文件第四条第（三）项规定的
股权收购业务，应准备以下相关资料，以备税务机关检查：（1）当
事各方所签订的股权收购业务合同或协议；（2）相关股权、资产公
允价值的合法证据。

《国家税务总局关于企业重组业务企业所得税征收管理若干问
题的公告》（国家税务总局公告2015年第48号）股权收购中当事各
方，指收购方、转让方及被收购企业。上述重组交易中，股权收购
中转让方、合并中被合并企业股东和分立中被分立企业股东，可以
是自然人，当事各方中的自然人应按个人所得税的相关规定进行税
务处理。重组业务完成当年，是指重组日所属的企业所得税纳税年
度。股权收购，以转让合同（协议）生效且完成股权变更手续日为
重组日。关联企业之间发生股权收购，转让合同（协议）生效后12
个月内尚未完成股权变更手续的，应以转让合同（协议）生效日为
重组日。

第四节　股权收购特殊性税务处理

股权收购特殊性税务处理，是相对于一般性股权转让税务处理
而作出的特殊规定。简单地说，一般性税务处理转让方需要确认股
权资产的转让所得或损失，缴纳企业所得税。如果收购方用本企业
直接持有的股份支付，也要视同销售确认所得。同时，收购方可以
按转让股权的公允价值确认长期股权的计税基础。而特殊性税务处
理则暂不需要确认股权转让所得或损失，不需要缴纳企业所得税。
投资方取得股权的计税基础也不按资产的公允价值确认投资计税
基础。

一、特殊性税务处理

（一）股权支付不纳税

《财政部、国家税务总局关于企业重组业务企业所得税处理若干问题的通知》（财税〔2009〕59号）第五条规定，企业重组同时符合下列条件的，适用特殊性税务处理规定：

（1）具有合理的商业目的，且不以减少、免除或者推迟缴纳税款为主要目的。

（2）被收购、合并或分立部分的资产或股权比例符合本通知规定的比例。

（3）企业重组后的连续12个月内不改变重组资产原来的实质性经营活动。

（4）重组交易对价中涉及股权支付金额符合本通知规定比例。

（5）企业重组中取得股权支付的原主要股东，在重组后连续12个月内，不得转让所取得的股权。

适用上述第（3）项和第（5）项的当事各方应在完成重组业务后的下一年度的企业所得税年度申报时，向主管税务机关提交书面情况说明，以证明企业在重组后的连续12个月内，有关符合特殊性税务处理的条件未发生改变。

企业重组符合本通知第五条规定条件的，交易各方对其交易中的股权支付部分暂不确认有关资产的转让所得或损失，同时可以按以下规定进行特殊性税务处理：股权收购，收购企业购买的股权不低于被收购企业全部股权的75%（注：财税〔2014〕109号文件调整为50%），且收购企业在该股权收购发生时的股权支付金额不低于其交易支付总额的85%，可以选择按以下规定处理：

（1）被收购企业的股东取得收购企业股权的计税基础，以被收购股权的原有计税基础确定。

（2）收购企业取得被收购企业股权的计税基础，以被收购股权的原有计税基础确定。

（3）收购企业、被收购企业的原有各项资产和负债的计税基础和其他相关所得税事项保持不变。

【举例1】A公司20×9年初以12 500万元收购C公司的全部股权，C公司经评估确认的净资产价值为9 789万元。C公司是B公司投资4 600万元创办的全资子公司，该公司20×8年12月31日的资产账面净值为6 670万元，经评估确认的价值为9 789万元。

假如A公司支付12 500万元对价时，以发行本公司股份方式支付给B公司，股份价值为12 500万元。本例股权收购同时符合其他特殊性税务处理条件，双方选择特殊性税务处理。

分析：本例中，收购企业A公司购买的股权为B公司持有的C公司100%的股权，不低于50%，且收购企业A公司全部为股权支付，股权支付金额为12 500万元，占交易支付总额的100%，超过85%。

因此，双方可以选择按以下方式处理：B公司以其持有C公司的长期股权投资4 600万元，换取A公司12 500万元股份，增值7 900万元不确认所得，不缴纳企业所得税。A公司以发行本公司股份方式换取C公司股权，不缴纳企业所得税。同时，按以下规定处理：

（1）被收购企业的股东取得收购企业股权的计税基础，以被收购股权的原有计税基础确定。即B公司取得A公司股权投资的计税基础延续计算为4 600万元。

（2）收购企业取得被收购企业股权的计税基础，以被收购股权的原有计税基础确定。即A公司取得C公司股权投资的计税基础也为4 600万元。

（3）收购企业、被收购企业的原有各项资产和负债的计税基础和其他相关所得税事项保持不变。即A公司和C公司其他各项资产和负债的计税基础和其他相关所得税事项保持不变，如C公司资产账面净资产价值为6 670万元，不能按评估价值9 789万元调整各项资产的计税基础。

【举例2】甲公司收购乙公司持有的丙公司股权。甲公司20×9年8月以公允价值1 000万元（计税成本150万元）的丁公司股权，从乙公司处购入其所持有的丙公司50%以上的股权，该股权账面计税价值800万元，公允价值1 000万元。

重组交易完成前，甲公司持有丁公司股权，乙公司持有丙公司股权（50%以上）。重组交易完成后，双方互相交换持股，甲公司持有丙公司股权（50%以上），乙公司持有丁公司股权。如符合特殊性税务处理各项条件，双方统一选择特殊性税务处理。

分析处理如下：甲公司持有丁公司股权成本为150万元，作价1 000万元，因双方未有非股权支付，不确认所得850万元，计税基础延续。同理，乙公司持有丙公司股权成本为800万元，作价1 000万元，不确认所得200万元，计税基础延续。

（1）被收购企业的股东取得收购企业股权的计税基础，以被收购股权的原有计税基础确定。即乙公司取得丁公司股权投资的计税基础延续为800万元。

（2）收购企业取得被收购企业股权的计税基础，以被收购股权的原有计税基础确定。即甲公司取得丙公司股权投资的计税基础延续为150万元。

（3）收购企业、被收购企业的原有各项资产和负债的计税基础和其他相关所得税事项保持不变。即甲、乙、丙、丁公司其他各项资产和负债的计税基础和其他相关所得税事项保持不变。

【疑点分析】股权收购重组交易中，当收购方以本企业持有的股份作为对价支付时，收购企业取得被收购企业股权的计税基础，还是"以被收购股权的原有计税基础确定"吗？

如果是的话，那么，甲公司持有的丁公司股份交换持股后，计税基础就会由150万元确定为800万元，不仅不符合企业所得税资产计税成本按历史成本确定的原则，而且会造成避税漏洞，显然非常不合理，相信这也不是59号文件的本意。而且，如果股权收购双方之间持有子公司股权比例都超过50%的话，双方之间互为收购，以任何一方作为收购方或被收购方均满足特殊性税务处理，直接按59号文件规定的计税基础确定将无所适从。

因收购企业以发行本企业股份支付被收购股权时，只有被收购股权一个计税成本，发行本企业股份无计税成本，可以任意确定一个计税基础。但收购企业以本企业持有的股份收购另一个股份的时候，双方各有一个，共有两个计税成本，这就不可随意取消一个计税成本。换言之，不应该将两个计税成本都直接调整确定为一个计税成本。鉴于此，本文根据《企业所得税法及其实施条例》关于资产计税成本符合历史成本原则要求，企业双方资产发生所有权属转移但税务上均不确认所得不视同销售的情况下，计税成本应各自延续计算。

上述理解也是符合59号文件规定的，财税〔2009〕59号第六条规定，企业重组符合本通知第五条规定条件的，交易各方对其交易中的股权支付部分，可以按以下规定进行特殊性税务处理：……（六）重组交易各方按本条（一）至（五）项规定对交易中股权支付暂不确认有关资产的转让所得或损失的，其非股权支付仍应在交易当期确认相应的资产转让所得或损失，并调整相应资产的计税基础。《国家税务总局关于企业重组业务企业所得税征收管理若干问题的公告》（国家税务总局公告2015年第48号）第一条规定，股权收购中当事各方，指收购方、转让方及被收购企业。

根据文件进一步分析，第一，收购方和转让方都是交易各方。第二，"交易各方对其交易中的股权支付部分"是"暂不确认有关资产的转让所得或损失的"。第三，"非股权支付仍应在交易当期确认相应的资产转让所得或损失，并调整相应资产的计税基础"，相反，"本企业直接持有股份"支付不计算所得则不调整相应资产的计税基础，"本企业直接持有股份"计税基础就应延续计算。

这里引用一篇中国财税浪子王×2011年6月份的博客《美女律师李××向总局领导请教重组》，其中有国家税务总局相关人员的意见，仅供读者们参考。摘要相关内容如下：

美女律师李××：距离重组四号公告[注：国家税务总局关于发布《企业重组业务企业所得税管理办法》（国家税务总局公告2010年第4号）]的出台已经有近一年的时间，但丝毫未消融对四号公告的种种困惑，昨日终于与总局所得税处领导面对面，求教重组诸多不解，以下就中国会计视野论坛里曾热议的两个问题，与大家共享。

问：四号公告出台后，长投换长投也属于股权支付对价，也适用特殊重组了，其计税基础如何确定？例如，甲持有乙的股权的计税基础为1，公允价值为3，丙持有丁的股权计税基础为2，公允价值为3，用甲的乙换丙的丁，计税基础如何确定呢？

总局领导答：换入股权的计税基础按换出股权的计税基础确定，即甲持有丁股权的计税基础为1，丙持有乙股权的计税基础为2。这也是互为收购说。

女士李××点评：这种确定计税基础的方式就是××马兄（注：网名）一直倡导的"互为收购说"，个人认为，其虽然与59号文的规定有所背离，但确实是现有情况下最佳的处理方式了。

中国财税浪子王×：四号公告出台后，权益的连续性已经被打破，客观上讲计税基础的连续性也会受到破坏，在这种情况下，互换双方各自为战，只要总局能认可，就好！

（二）非股权支付纳税

企业股权收购的特殊性税务处理，强调的递延纳税是指股权支付这部分相对应的所得。但对于非股权支付的部分，不允许暂不纳税，而是要确认非股权支付这部分金额相应比例计算的所得，按规定缴纳企业所得税。

《财政部、国家税务总局关于企业重组业务企业所得税处理若干问题的通知》（财税〔2009〕59号）第六条第（六）项规定，重组交易各方按规定对交易中股权支付暂不确认有关资产的转让所得或损失的，其非股权支付仍应在交易当期确认相应的资产转让所得或损失，并调整相应资产的计税基础。其计算公式为：

非股权支付对应的资产转让所得或损失＝（被转让资产的公允价值－被转让资产的计税基础）×（非股权支付金额÷被转让资产的公允价值）

【举例】A公司20×9年初以12 500万元收购C公司的全部股权，C公司经评估确认的净资产价值为9 789万元。C公司是B公司投资4 600万元创办的全资子公司，该公司20×8年12月31日的资产账面净资产为6 670万元，经评估确认后的价值为9 789万元。

假如A公司股权支付额12 000万元，非股权现金支付为500万元。本例股权收购重组同时符合其他特殊性税务处理条件。那么，对于B公司来说，其中500万元相对应的股权转让要视同销售缴纳企业所得税。

分析处理：B公司转让100%股权，高于50%。A公司股权支付比例为96%（12 000÷12 500×100%），高于85%。12 000万元股权支付对应增值不纳税，但500万元非股权支付部分要视同销售确认所得。

具体计算结果如下：B公司股权计税基础4 600万元，取得对价12 500万元，股权转让增值全部所得7 900万元。其中，与500万元非股权支付对应的所得部分为316万元（500÷12 500×7 900），需要计入企业应纳税所得额按规定计算缴纳企业所得税。股权转让所得7 900万元中，其余96%部分不确认所得。

B公司取得A公司股权的计税基础不是12 000万元，而是以被收购股权的计税基础计算确定，新股权的计税基础为：4 600－500+316=4 416（万元），或直接将原股权的计税成本乘以96%计算新股权的计税成本：4 600×96%=4 416（万元）。

A公司收购C公司的股权支付的全部对价是12 500万元，但取得该项长期股权投资的计税基础要以被收购股权的原有计税基础确定，即在4 416万元的基础上，加上实际支付的非货币资产500万元确定为4 916万元（4 416+500）。

（三）涉外股权收购规定

涉外股权收购交易行为，主要包括我国居民企业的境外股东在境外直接交易（外转外）、境外股东与境内股东交易（外转内）以及境内的股东将居民企业股权转让或投资给境外的股东（内转外）。

1. 一般性税务处理。涉外股权收购交易的一般性税务处理，只要是转让我国境内的居民企业股权一般在境内纳税，如前所述转让方要确认股权转让所得，按规定缴纳企业所得税。收购方可以按收购股权的公允价值确认收购股权的计税成本。被投资的境内居民企业股东发生变换，但居民企业本身的企业所得税事项保持不变。

2. 特殊性税务处理。涉外股权收购交易，如选择特殊性税务处理，符除合境内股权收购的特殊性条件外，还必须符合一些额外的条件。财税〔2009〕59号第七条规定，企业发生涉及中国境内与境外之间（包括港澳台地区）的股权收购交易，除应符合本通知

第五条规定的条件外（包括具有合理的商业目的，且不以减少、免除或者推迟缴纳税款为主要目的；被收购、合并或分立部分的资产或股权比例符合本通知规定的比例；企业重组后的连续12个月内不改变重组资产原来的实质性经营活动；重组交易对价中涉及股权支付金额符合本通知规定比例；企业重组中取得股权支付的原主要股东，在重组后连续12个月内，不得转让所取得的股权等），还应同时符合下列条件，才可选择适用特殊性税务处理规定：

（1）非居民企业向其100%直接控股的另一非居民企业转让其拥有的居民企业股权（简称"外转外"），没有因此造成以后该项股权转让所得预提税负担变化，且转让方非居民企业向主管税务机关书面承诺在3年（含3年）内不转让其拥有受让方非居民企业的股权。此情形包括因境外企业分立、合并导致中国居民企业股权被转让的情形。

（2）非居民企业向与其具有100%直接控股关系的居民企业转让其拥有的另一居民企业股权（简称"外转内"）。

（3）居民企业以其拥有的资产或股权向其100%直接控股的非居民企业进行投资（简称"内转外"）。

（4）财政部、国家税务总局核准的其他情形。

符合特殊性税务处理条件的股权收购当事各方（收购方、转让方及被收购企业），既可以选择特殊性税务处理，也可以选择一般性税务处理，但重组业务的当事各方应采取一致税务处理原则，即统一按一般性或特殊性税务处理。按照政策规定，企业在重组发生前后连续12个月内分步对其资产、股权进行交易，应根据实质重于形式原则将上述交易作为一项企业重组交易进行处理。

3. 非居民企业股权收购的管理

为规范和加强非居民企业股权转让适用特殊性税务处理的管

理，《国家税务总局关于非居民企业股权转让适用特殊性税务处理有关问题的公告》（国家税务总局公告2013年第72号）就有关管理问题进行了明确，主要包括以下内容：

（1）非居民企业股权转让选择特殊性税务处理的，应于股权转让合同或协议生效且完成工商变更登记手续30日内进行备案。属于"外转外"的，由转让方向被转让企业所在地所得税主管税务机关备案；属于"外转内"的，由受让方向其所在地所得税主管税务机关备案。股权转让方或受让方可以委托代理人办理备案事项；代理人在代为办理备案事项时，应向主管税务机关出具备案人的书面授权委托书。

（2）股权转让方、受让方或其授权代理人办理备案时应填报以下资料：《非居民企业股权转让适用特殊性税务处理备案表》（略）；股权转让业务总体情况说明，应包括股权转让的商业目的、证明股权转让符合特殊性税务处理条件、股权转让前后的公司股权架构图等资料；股权转让业务合同或协议（外文文本的同时附送中文译本）；工商等相关部门核准企业股权变更事项证明资料；截至股权转让时，被转让企业历年的未分配利润资料；税务机关要求的其他材料。

主管税务机关应当按规定受理备案，资料齐全的，应当场在《非居民企业股权转让适用特殊性税务处理备案表》上签字盖章；资料不齐全的，不予受理，并告知备案人各应补正事项。

（3）非居民企业发生股权转让属于"外转外"情形的，主管税务机关应当自受理之日起30个工作日内就备案事项进行调查核实、提出处理意见，并将全部备案资料以及处理意见层报省（含自治区、直辖市和计划单列市）税务机关。税务机关在调查核实时，如发现此种股权转让情形造成以后该项股权转让所得预提税负担变化，包括转让方把股权由应征税的国家或地区转让到不征税或低税率的国家或地区，应不予适用特殊性税务处理。

（4）非居民企业发生股权转让"外转内"情形的，受让方和被转让企业不在同一省税务机关管辖的，受让方所在地省税务机关收到主管税务机关意见后30日内，应向被转让企业所在地省税务机关发出《非居民企业股权转让适用特殊性税务处理告知函》。

（5）非居民企业股权转让未进行特殊性税务处理备案或备案后经调查核实不符合条件的，适用一般性税务处理规定，应按照有关规定缴纳企业所得税。

（6）非居民企业发生股权转让属于"外转外"情形且选择特殊性税务处理的，转让方和受让方不在同一国家或地区的，若被转让企业股权转让前的未分配利润在转让后分配给受让方的，不享受受让方所在国家（地区）与中国签订的税收协定（含税收安排）的股息减税优惠待遇，并由被转让企业按税法相关规定代扣代缴企业所得税，到其所在地所得税主管税务机关申报缴纳。

二、特殊性税务处理报备管理

企业发生符合财税〔2009〕59号规定的特殊性重组条件并选择特殊性税务处理的，当事各方应在该重组业务完成当年企业所得税年度申报时，向主管税务机关提交书面备案资料，证明其符合各类特殊性重组规定的条件。企业未按规定书面备案的，一律不得按特殊重组业务进行税务处理。

国家税务总局关于发布《企业重组业务企业所得税管理办法》的公告（国家税务总局公告2010年第4号）规定，企业重组业务，符合税法规定条件并选择特殊性税务处理的，应按照规定进行备案；如企业重组各方需要税务机关确认，可以选择由重组主导方向主管税务机关提出申请，层报省税务机关给予确认。采取申请确认的，主导方和其他当事方不在同一省（自治区、市）的，主导方省税务机关应将确认文件抄送其他当事方所在地省税务机关。省税务机关在收到确认申请时，原则上应在当年度企业所得税汇算清缴前完成确认。特殊情况，需要延长的，应将延长理由告知主导方。

企业发生特殊性税务处理规定的股权收购业务，应准备以下资料：（1）当事方的股权收购业务总体情况说明，情况说明中应包括股权收购的商业目的；（2）双方或多方所签订的股权收购业务合同或协议；（3）由评估机构出具的所转让及支付的股权公允价值；（4）证明重组符合特殊性税务处理条件的资料，包括股权比例，支付对价情况，以及12个月内不改变资产原来的实质性经营活动和原主要股东不转让所取得股权的承诺书等；（5）工商等相关部门核准相关企业股权变更事项证明材料；（6）税务机关要求的其他材料。

《国家税务总局关于企业重组业务企业所得税征收管理若干问题的公告》（国家税务总局公告2015年第48号）规定，股权收购，主导方为股权转让方，涉及两个或两个以上股权转让方，由转让被收购企业股权比例最大的一方作为主导方（转让股权比例相同的可协商确定主导方）。重组业务完成当年，是指重组日所属的企业所得税纳税年度。股权收购，以转让合同（协议）生效且完成股权变更手续日为重组日。关联企业之间发生股权收购，转让合同（协议）生效后12个月内尚未完成股权变更手续的，应以转让合同（协议）生效日为重组日。

企业重组业务适用特殊性税务处理的，重组各方应在该重组业务完成当年，办理企业所得税年度申报时，分别向各自主管税务机关报送《企业重组所得税特殊性税务处理报告表及附表》和申报资料。重组主导方申报后，其他当事方向其主管税务机关办理纳税申报。申报时还应附送重组主导方经主管税务机关受理的《企业重组所得税特殊性税务处理报告表及附表》。

企业重组业务适用特殊性税务处理的，申报时，应从以下方面逐条说明企业重组具有合理的商业目的：（1）重组交易的方式；（2）重组交易的实质结果；（3）重组各方涉及的税务状况变化；（4）重组各方涉及的财务状况变化；（5）非居民企业参与重组活动的情况。

企业重组业务适用特殊性税务处理的，申报时，当事各方还应向主管税务机关提交重组前连续12个月内有无与该重组相关的其他股权、资产交易情况的说明，并说明这些交易与该重组是否构成分步交易，是否作为一项企业重组业务进行处理。

若同一项重组业务涉及在连续12个月内分步交易，且跨两个纳税年度，当事各方在首个纳税年度交易完成时预计整个交易符合特殊性税务处理条件，经协商一致选择特殊性税务处理的，可以暂时适用特殊性税务处理，并在当年企业所得税年度申报时提交书面申报资料。在下一纳税年度全部交易完成后，企业应判断是否适用特殊性税务处理。如适用特殊性税务处理的，当事各方应按本公告要求申报相关资料；如适用一般性税务处理的，应调整相应纳税年度的企业所得税年度申报表，计算缴纳企业所得税。

适用特殊性税务处理的企业，在以后年度转让或处置重组资产（股权）时，应在年度纳税申报时对资产（股权）转让所得或损失情况进行专项说明，包括特殊性税务处理时确定的重组资产（股权）计税基础与转让或处置时的计税基础的比对情况，以及递延所得税负债的处理情况等。主管税务机关也应加强评估和检查，将企业特殊性税务处理时确定的重组资产（股权）计税基础与转让或处置时的计税基础及相关的年度纳税申报表比对，发现问题的，应依法进行调整。

上述企业选择特殊性税务处理涉及需要税务机关备案、审核、确认的事先管理事项，已经全部被国务院取消，《国务院关于第一批取消62项中央指定地方实施行政审批事项的决定》（国发〔2015〕57号）文件规定取消的第34项即"企业符合特殊性税务处理规定条件的业务的核准"。随后，国家税务总局下发关于贯彻落实《国务院关于第一批取消62项中央指定地方实施行政审批事项的决定》的通知（税总发〔2015〕141号）文件，要求各级地方税务机关必须认真贯彻执行国务院决定，全面落实取消中央指定地方税务机关实施的行政审批事项，不得以任何形式保留或者变相审批。要及时修改涉及取消中央指定地方税务机关实施行政审批事项的相关规定、表证单书和征管流程，明确取消审批事项后续管理要求。

因此，审核事项取消后，企业股权收购选择特殊性税务处理的，需要积极与当地税务机关沟通，按照税务机关要求，保存好上述相关资料，留存备查。

第五节　股权收购的运用规划

一、一般性处理和特殊性处理选择

一般性税务处理也可以称之为纳税处理，对购销双方的税收利益是非对称的。转让方应确认股权转让所得，缴纳企业所得税。而收购方可以按公允价值确认长期股权投资计税基础。特殊性税务处理对转让方和收购方的股权转让所得虽然可以暂时不纳税，但各方获得新股权的计税基础以支付股权的原计税基础确定。作为双方在进行股权收购或转让时，应充分认识这点，在符合双方利益的前提下，达成一致的意见。

当股权转让存在损失的情况下，一般性税务处理可以在当期确认损失，税前扣除；而特殊性税务处理暂不确认损失，其损失需要递延在再处置股权时扣除。

二、特殊性税务处理非必选项

选择特殊性税务处理虽然可以暂时不纳税实现递延纳税，但还要结合税收优惠政策和弥补亏损综合考虑。如股权转让方存在税收优惠政策或有亏损弥补时，选择递延纳税，可能造成递延这部分所得将来还要纳税，而选择一般性税务处理，虽然当期要确认转让所得，但当期存在税收优惠，或可以弥补以前年度的亏损，则实现永久的不纳税，是真正意义的免税重组。这种考虑对于收购方以股权支付需要确认所得一样，也要综合考虑税收优惠和弥补亏损等因素，其效果相同。

此外，当股权转让存在损失的情况下，选择一般性税务处理则可以在当期确认损失，实现税前扣除，当期少缴纳企业所得税。但如果亏损过大，以后5年之内得不到弥补，则应考虑特殊性税务处理，将损失部分予以递延到今后处置股权时扣除。

三、个人股东置换股权可以递延纳税

企业所得税法规定的特殊性税务处理，是对企业纳税人实施的税收政策，个人投资者股权转让所得需要按"财产转让所得"缴纳20%的个人所得税，不得按财税〔2009〕59号特殊性税务政策处理。且个人股东置换股权行为，实际上是视为转让旧股换取新股，以新股的公允价值视为转让收入，扣除原旧股的计税基础后，计算转让所得，但可选择递延5年纳税。

《财政部、国家税务总局关于个人非货币性资产投资有关个人所得税政策的通知》（财税〔2015〕41号）规定，个人以非货币性资产投资，属于个人转让非货币性资产和投资同时发生。对个人转让非货币性资产的所得，应按照"财产转让所得"项目，依法计算缴纳个人所得税。个人以非货币性资产投资，应按评估后的公允价值确认非货币性资产转让收入。非货币性资产转让收入减除该资产原值及合理税费后的余额为应纳税所得额。个人以非货币性资产投资，应于非货币性资产转让、取得被投资企业股权时，确认非货币性资产转让收入的实现。

个人应在发生上述应税行为的次月15日内向主管税务机关申报纳税。纳税人一次性缴税有困难的，可合理确定分期缴纳计划并报主管税务机关备案后，自发生上述应税行为之日起不超过5个公历年度内（含）分期缴纳个人所得税。但个人以非货币性资产投资交易过程中取得现金补价的，现金部分应优先用于缴税；现金不足以缴纳的部分，可分期缴纳。个人在分期缴税期间转让其持有的上述全部或部分股权，并取得现金收入的，该现金收入应优先用于缴纳尚未缴清的税款。

文件规定，非货币性资产，是指现金、银行存款等货币性资产以外的资产，包括股权、不动产、技术发明成果以及其他形式的非货币性资产。非货币性资产投资，包括以非货币性资产出资设立新的企业，以及以非货币性资产出资参与企业增资扩股、定向增发股票、股权置换、重组改制等投资行为。

四、非居民企业间接转让股权避税

非居民企业转让中国居民企业的股权（不包括在公开的证券市场买入并卖出中国居民企业的股票）所取得的所得，应在我国缴纳企业所得税。一些非居民企业为了避税，通过滥用组织形式，在境外设立特定目的控股企业，通过转让境外控股公司间接转让境内企业股权，还有的通过关联方按照不合理价格低价转让境内企业股权，从而逃避境内纳税。

针对上述情况，税法制定了反避税条款。《国家税务总局关于非居民企业间接转让财产企业所得税若干问题的公告》（国家税务总局公告2015年第7号）规定，非居民企业通过实施不具有合理商业目的的安排，间接转让中国居民企业股权等财产，规避企业所得税纳税义务的，应按照企业所得税法第四十七条的规定，重新定性该间接转让交易，确认为直接转让中国居民企业股权等财产。间接转让中国应税财产，是指非居民企业通过转让直接或间接持有中国应税财产的境外企业（不含境外注册中国居民企业，以下称"境外企业"）股权及其他类似权益（以下称"股权"），产生与直接转让中国应税财产相同或相近实质结果的交易，包括非居民企业重组引起境外企业股东发生变化的情形。间接转让中国应税财产的非居民企业称股权转让方。此外，根据现行税收政策规定，非居民企业向其关联方转让中国居民企业股权，其转让价格不符合独立交易原则而减少应纳税所得额的，税务机关有权按照合理方法进行调整。

五、股东身份选择税收筹划分析

企业在股权收购重组中，还应考虑股东身份的选择。因为企业中不同的股东身份，其投资收益（指税后利润、盈余公积等留存收益分配）的征税政策是不同的。依据现行企业所得税法及相关政策规定，居民企业股东取得的股息所得是免税的（不包括连续持有居民企业公开发行并上市流通的股票不足12个月取得的投资收益），非居民企业股东取得的股息所得应缴纳预提所得税；自然人股东取得的税后利润分配所得需要缴纳20%个人所得税（上市公司税后利润分配实行差别化税率）；外籍个人股东从外资企业取得的税后利润分配所得免征个人所得税。

对于股权转让所得，不同股东税收政策也是不同的。现行所得税政策规定，居民企业股权转让所得，应按规定缴纳25%的企业所得税；居民个人股权转让所得一般应缴纳20%的个人所得税。非居民企业取得居民企业的股权转让所得，一般缴纳10%的企业所得税；外籍个人转让股权所得缴纳20%个人所得税。

六、股权转让时机选择规划

企业所得税法规定，企业投资者税后利润分配所得是免税收入，但转让股权所得要按25%缴纳企业所得税。而企业转让股权时，可能由于被投资单位尚未分配税后利润等留存收益，而将税后利润一并转让，这样税后利润就转变为转让所得了，免税收入变成了纳税收入，造成了重复纳税（企业清算股权收回投资和撤资除外）。因此，企业股东在转让股权时，应先分配税后利润，再转让股权。例如，某企业准备将股权转让，股权成本价100万元，被投资单位有属于自己的未分配利润30万元尚未分配。企业转让股权时，如果直接按130万元转让给他人，则转让所得为30万元（130-100），该部分需要纳税75 000元（30×25%）。如果先分配30万元后再转让，则转让收入为100万元，所得为0（100-100），而30万元税后利润分配属于免税收入不纳税。

七、特殊性税务处理存在多种选择

股权收购符合特殊性税务处理条件的，除有一般性税务处理和特殊性税务处理两种选择外，还可能存在以下另外两种选择：一是非货币性资产投资选择。根据《财政部、国家税务总局关于非货币性资产投资企业所得税政策问题的通知》（财税〔2014〕116号）规定，可以将股权处置所得递延5年纳税；二是资产划转选择。如果是100%的母子公司和兄弟公司之间的股权收购，根据《财政部、国家税务总局关于促进企业重组有关企业所得税处理问题的通知》（财税〔2014〕109号）文件规定，可以选择按资产划转处理。具体如何选择，股权收购双方可以根据实际利益充分考虑。

八、股权收购应规避土地增值税风险

《国家税务总局关于以转让股权名义转让房地产行为征收土地增值税问题的批复》（国税函〔2000〕687号）答复广西壮族自治区地方税务局《关于以转让股权名义转让房地产行为征收土地增值税问题的请示》（桂地税报〔2000〕32号）明确，鉴于深圳市能源集团有限公司和深圳能源投资股份有限公司一次性共同转让深圳能源（钦州）实业有限公司100%的股权，且这些以股权形式表现的资产主要是土地使用权、地上建筑物及附着物，经研究，对此应按土地增值税的规定征税。根据上述规定，企业规避缴纳土地增值税风险可以考虑以下两种方式：一是不要一次性转让100%的股权，可以分期转让股权。二是采取收购方先增资稀释转让方股权，再收购原股东的股权。

第五章

企业合并的纳税
处理与运用

　　企业因发展的需要，经常会选择吸收兼并其他企业的方式，扩大企业的规模和效益，被兼并企业因此将被注销解散，这种兼并其他企业的方式，与股权收购控股另一家企业合并不一样，我们也称之为企业合并。还有的企业由于经营方面收缩或税收规划的需要，也会主动被关联方吸收合并而注销解散。

　　在企业合并中，因被合并企业被合并吸收，其全部资产和负债要转移至合并企业，因此，对于被合并方来说，要对其资产进行评估作价处置，评估公允价值与其账面价值之间将会产生差额，对这部分差额是否缴纳企业所得税，如何征税？同时，被合并企业股东将直接从合并方获得对价补偿，对价补偿与股东原来初始投资成本之间也会产生差额，这部分差额是否征税？不仅如此，对合并方来说，兼并过来的资产，其计税基础如何确定，是按资产公允价值还是按原资产计税基础确定？因吸收合并支付对价中主要是股权支付，是否有特殊税收优惠政策？其他相关的增值税、个人所得税、土地增值税、契税及印花税等如何处理？上述企业合并重组中合并双方是否存在税收筹划，是否可以降低整体税负等，这些都是本章需要分析解决的问题。

第一节　企业合并的分类

关于企业合并的概念，公司法、会计制度和税收政策都有不同的表述。

一、公司法企业合并

《中华人民共和国公司法》第一百七十二条至第一百七十四条规定，一个公司吸收其他公司为吸收合并，被吸收的公司解散。两个以上公司合并设立一个新的公司为新设合并，合并各方解散。

公司合并，应当由合并各方签订合并协议，并编制资产负债表及财产清单。公司应当自作出合并决议之日起十日内通知债权人，并于三十日内在报纸上公告。债权人自接到通知书之日起三十日内，未接到通知书的自公告之日起四十五日内，可以要求公司清偿债务或者提供相应的担保。

公司合并时，合并各方的债权、债务，应当由合并后存续的公司或者新设的公司承继。

对于特殊类型的公司合并，除了依法订立合并协议以外，还要经过有关部门的批准，如国有公司合并的，需按国有资产监管法规经过国有资产主管部门的审批，再如，外商投资公司合并需商务主管部门审批。

根据公司法规定，因被合并方的债权和债务由合并后的公司承继，所以，即便被合并方注销解散了，也不需要进行法定的清算，不需要走注销清算程序。

《中华人民共和国公司法》注销清算的相关规定中，第一百八十条规定，公司因下列原因可以解散：

（一）公司章程规定的营业期限届满或者公司章程规定的其他

解散事由出现；

　　（二）股东会或者股东大会决议解散；

　　（三）因公司合并或者分立需要解散；

　　（四）依法被吊销营业执照、责令关闭或者被撤销；

　　（五）人民法院依照本法第一百八十二条的规定予以解散。

　　第一百八十三条规定，公司因本法第一百八十条第（一）项、第（二）项、第（四）项、第（五）项规定而解散的，应当在解散事由出现之日起十五日内成立清算组开始清算。有限责任公司的清算组由股东组成，股份有限公司的清算组由董事或者股东大会确定的人员组成。逾期不成立清算组进行清算的，债权人可以申请人民法院指定有关人员组成清算组进行清算。人民法院应当受理该申请，并及时组织清算组进行清算。从本条发现，上述"（三）因公司合并或者分立需要解散"不在清算之列。

　　按照法律法规被合并公司注销不需要清算，但按照企业所得税政策规定，如果合并双方一致选择一般性税务处理的话，被合并企业的企业所得税仍需要按清算处理。这方面的具体内容，我们将在合并的税收处理部分进行介绍。

二、会计制度企业合并

　　按照会计制度规定，企业合并是将两个或两个以上单独的企业合并形成一个报告主体的交易或事项。企业合并分为同一控制下的企业合并和非同一控制下的企业合并。企业合并的结果通常是一个企业取得了对一个或多个企业（或业务）的控制权。

　　构成企业合并至少包括两层含义：一是取得对另一个或多个企业（或业务）的控制权；二是所合并的企业必须构成业务。业务是指企业内部某些生产经营活动或资产负债的组合，该组合具有投入、加工处理和产出能力，能够独立计算其成本费用或所产生的收入。

有关资产、负债的组合要形成一项业务，通常应具备以下要素：

（1）投入，指原材料、人工、必要的生产技术等无形资产以及构成生产能力的机器设备等其他长期资产的投入；

（2）加工处理过程，指具有一定的管理能力、运营过程，能够组织投入形成产出；

（3）产出，如生产出产成品，或是通过为其他部门提供服务来降低企业整体的运行成本等其他带来经济利益的方式。

有关资产或资产、负债的组合要构成一项业务，不一定要同时具备上述三个要素，某些情况下具备投入和加工处理过程两个要素即可认为构成一项业务。业务的目的，主要是为了向投资者提供回报，如生产的产品出售后形成现金流入，或是能够为企业的生产经营带来其他经济利益，如能够降低成本等。有关资产或资产、负债的组合是否构成一项业务，应结合所取得资产、负债的内在联系及加工处理过程等进行综合判断。实务中出现的如一个企业对另一个企业某条具有独立生产能力的生产线的合并、一家保险公司对另一家保险公司寿险业务的合并等，一般构成业务合并。

如果一个企业取得了对另一个或多个企业的控制权，而被购买方（或被合并方）并不构成业务，则该交易或事项不形成企业合并。企业取得了不形成业务的一组资产或是净资产时，应将购买成本按购买日所取得各项可辨认资产、负债的相对公允价值基础进行分配，不按照企业合并准则进行处理。

从企业合并的定义看，是否形成企业合并，除要看取得的企业是否构成业务之外，关键要看有关交易或事项发生前后，是否引起报告主体的变化。报告主体的变化产生于控制权的变化。在交易事项发生以后，一方能够对另一方的生产经营决策实施控制，形成母子公司关系，就涉及控制权的转移，从合并财务报告角度形成报告主体的变化。交易事项发生以后，一方能够控制另一方的全部净资产，被合并的企业在合并后失去其法人资格，也涉及控制权及报告主体的变化，形成企业合并。实务中，对于交易或事项发生前后是否形成控制权的转移，应当遵循实质重于形式原则，综合可获得的各方面情况进行判断。

假定在企业合并前，A、B两个企业为各自独立的法律主体，且构成业务（在合并交易发生前，双方不存在任何投资关系），企业合并准则中所界定的企业合并，包括但不限于以下情形：

（1）企业A通过增发自身的普通股自企业B原股东处取得企业B的全部股权，该交易事项发生后，企业B仍持续经营。

（2）企业A支付对价取得企业B的净资产，该交易事项发生后，撤销企业B的法人资格。

（3）企业A以其资产作为出资投入企业B，取得对企业B的控制权，该交易事项发生后，企业B仍维持其独立法人资格继续经营。

从上述会计制度规定分析，会计上的企业合并包括控股合并和吸收合并两种方式，前一种方式是双方企业都仍然存在，各自是独立的法人企业，独立经营，自负盈亏。后一种企业合并方式，被合并企业注销解散，其全部资产、债权债务和劳动力全部转移给合并企业，这种吸收合并方式（包括新设合并）才是本章需要讲解的内容。

三、税收制度企业合并

税收上关于企业合并定义的解释，只有企业所得税政策有较为全面的相关规定，这也是我们介绍的重点。

《财政部、国家税务总局关于企业重组业务企业所得税处理若干问题的通知》（财税〔2009〕59号）第一条第（五）项规定，合并，是指一家或多家企业（以下称为"被合并企业"）将其全部资产和负债转让给另一家现存或新设企业（以下称为"合并企业"），被合并企业股东换取合并企业的股权或非股权支付，实现两个或两个以上企业的依法合并。

股权支付，是指企业重组中购买、换取资产的一方支付的对价中，以本企业或其控股企业的股权、股份作为支付的形式；非股权支付，是指以本企业的现金、银行存款、应收款项、本企业或其控股企业股权和股份以外的有价证券、存货、固定资产、其他资产以及承担债务等作为支付的形式。控股企业，是指由本企业直接持有股份的企业。

对于企业吸收合并定义的理解，在税收处理上，特别是在企业所得税处理上是尤为重要的关键点。本书认为需要把握以下几个重点：

一是被合并企业的全部净资产（包括资产、债权、债务）转移给合并企业，注意本文这里用的是"转移"，没有说"转让"，因为事实上是合并企业与被合并企业的股东的交易行为，被合并企业没有也不能获得合并对价。假如是被合并企业获得对价，又要全部转给合并企业，相当于合并企业没有支付对价了。

二是企业合并中获得对价的是股东，是被合并企业的股东，而且是由合并企业直接支付被合并企业的股东，不是（通过被合并企业）间接支付。

三是合并企业支付给股东对价金额时，主要参考的是被合并企业（如果是上市企业）股票的市值，而不仅仅是被合并企业的净资产评估价值（没有实际交易情况下税收上也叫公允价值）。企业净资产的评估价值与上市企业发行股票的市值通常是不相等的，甚至是相差巨大的。

下面我们来参看两个吸收合并案例：

（一）A航吸收合并B航案例分析

【案例1】A航空股份公司董事会于20×9年7月10日通过关于公司换股吸收合并B航空股份公司议案：公司拟以换股方式吸收合并B航，吸收合并完成后，B航将终止上市并注销法人资格，A航作为合并完成后的存续公司，将依照双方签署的《换股吸收合并协议》，接收B航的所有资产、负债、业务、人员及其他一切权利与义务。

A航、B航的换股价格分别为5.28元/股、5.50元/股。双方同意在实施换股时将给予B航股东约25%的风险溢价，由此确定换股比例为1∶1.3，即每股B航股份可换取1.3股公司股份。上述合并为股权支付方式的吸收合并，B航空公司被合并后，其全部资产和负债转移至A航空公司，B航空公司股东将原旧股换成A航新股。

分析：

（1）合并公司接收被合并公司的全部净资产。如，A航作为合并完成后的存续公司，将依照双方签署的《换股吸收合并协议》，接收B航的所有资产、负债、业务、人员及其他一切权利与义务。

（2）获得对价的是股东。如，A航、B航的换股价格分别为5.28元/股、5.50元/股。双方同意在实施换股时将给予B航股东约25%的风险溢价，由此确定换股比例为1∶1.3，即每股B航股份可换取1.3股公司股份。

（3）股东获得对价金额参考的是股票的市值，而不是参考被合并企业的净资产金额。如，A航、B航的换股价格分别为5.28元/股、5.50元/股。双方同意在实施换股时将给予B航股东约25%

的风险溢价，由此确定换股比例为1∶1.3，即每股B航股份可换取1.3股公司股份。计算方法：5.50×1.25=6.875（元/股），6.875÷5.28=1.302（股）。

（二）美的吸收合并小天鹅案例分析

【案例2】美的换股吸收合并小天鹅（2018年10月24日，来源中关村在线）：10月23日晚间，美的集团和小天鹅联合发布公告称，美的集团拟换股吸收合并小天鹅，依据市场惯例并综合考虑双方股东利益，确认换股比例为：小天鹅A股换股比例为1∶1.2110，即每1股小天鹅A股股票可以换得1.2110股美的集团股票；小天鹅B股换股比例为1∶1.0007，即每1股小天鹅B股股票可以换得1.0007股美的集团股票。

本次换股吸收合并完成后，小天鹅将终止上市并注销法人资格，美的集团或其全资子公司将承继及承接小天鹅的全部资产、负债、业务、人员、合同及其他一切权利与义务。本次换股吸收合并后，美的集团的控制权不发生变更。

分析：

（1）合并公司接收被合并公司的全部净资产。如，美的集团或其全资子公司将承继及承接小天鹅的全部资产、负债、业务、人员、合同及其他一切权利与义务。

（2）获得对价的是股东。如，依据市场惯例并综合考虑双方股东利益，确认换股比例为：小天鹅A股换股比例为1∶1.2110，即每1股小天鹅A股股票可以换得1.2110股美的集团股票；小天鹅B股换股比例为1∶1.0007，即每1股小天鹅B股股票可以换得1.0007股美的集团股票。

（3）股东获得对价金额参考的是股票的市值，而不是参考被合并企业的净资产金额。如，小天鹅A股换股比例为1∶1.2110，即每1股小天鹅A股股票可以换得1.2110股美的集团股票。虽然案例中没有披露双方股票的价值，但按照市场惯例，无疑是按股票某一规定特定时间的价值进行计算交换的。

为了进一步加深读者对合并交易各方的全面准确理解，我们可以再来分析一下相关辅导书籍的分析示意图。

董树奎主编的《税前扣除与投资改组业务所得税问题解析》（世界图书出版公司2001年版）一书中吸收合并第一稿示意图如下：

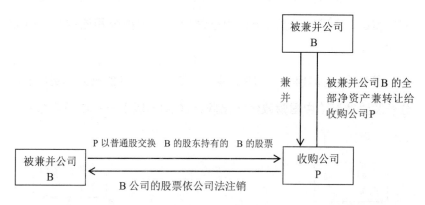

【示意图表述】北京的P公司为扩大电子元器件生产基地，经股东大会决议并报市人民政府批准，以增发15 172 328股普通股与山东的B公司（未上市股份公司）的股东持有的B公司发行在外的普通股相互交换，吸收合并B公司。P公司换得的B公司的股票根据公司法的法律规定注销；B公司的全部资产和债务依公司法等法律规定划归P公司所有，成为P公司的分厂。B公司依公司法的规定只解散不清算，合并后连续经营。

分析：

（1）被兼并公司B的全部净资产转让给收购公司P。这是一种资产收购说，按照这种方式理解，收购方支付对价就应该是给转让方被合并企业B公司，但合并中，B公司的全部资产都必须要划给收购方，支付方又收回自己支付出去的资产，实际没有发生任何支付。所以，收购方支付的对价不应该是支付给B公司。

（2）P以普通股交换B的股东持有的B的股票。这里表述的支付对价是给B公司的股东，符合吸收合并的定义和法律法规规定。因此，我们也不能简单地理解为是被合并公司的资产转让行为。

（3）B公司的股票依公司法注销。B公司股票持有者是公司股东，股东旧股（B股票）换新股（P股票），P公司一收一支，P公司换得的B公司的股票（B公司已注销），根据公司法的法律规定注销。

董树奎、孙瑞标、陆炜主编的《税收制度与企业会计制度差异分析及协调》（中国财政经济出版社2003年版）一书中吸收合并第二稿示意图如下：

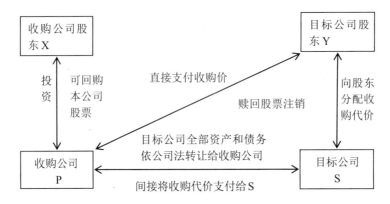

【示意图表述】北京的P公司为扩大电子元器件生产基地，经股东大会决议并报市（省级）人民政府批准，以增发15 172 328股普通股与山东的S公司（未上市股份公司）的股东持有的S公司发行在外的普通股相互交换，吸收合并S公司。P公司换得的S公司的股票根据公司法的法律规定注销。S公司的全部资产和债务依公司法等法律规定划归P公司所有，成为P公司的分厂。S公司依公司法的规定只解散不清算，合并后连续经营（注：以P公司名义经营）。

分析：这个案例其实就是上述2001年版的案例，只是将被合并目标公司B公司改为了S公司，其他基本没变。但吸收合并示意图发生了明显的改变，一是增加了双方的股东，就如前面分析所说，股东其实是合并交易中非常重要一方。二是将合并方（示意图中的收购公司）支付对价的对象明确界定了是"直接支付对价"给"目标公司股东Y"，而不是支付给被合并的目标公司。三是同时也表述了收购公司P"间接将收购代价支付给S"，再由目标公司"向股东分配收购代价"。

对于第三点分析，我们并不能视为收购公司先支付对价给目标公司（事实上是直接支付给目标公司股东），目标公司（按股东实际收到的对价）视为给自己的对价进行清算，清算后再分配给自己的股东。因为，一个企业注销的企业所得税清算所得计算中，只与企业本身资产的公允价值（可变现价）有关，与企业发行在外的股票市场价值（也就是这里的支付对价）是没有直接关系的。关于企业计算清算所得的公允价值确定问题，我们也会在后续内容中详细介绍。

综合以上案例及分析，对吸收合并的步骤简化后的结论如下：

第一步，合并方收购被合并方全部净资产。换句话说，被合并企业转移自己的全部净资产给合并企业，看似被合并方才有权转让自己的全部净资产，但实质获得转让对价的收入方却是被合并企业的股东。因此，"被合并企业转移自己的全部净资产给合并企业"在企业所得税处理上，是资产所有权属发生转移的"视同销售"行为。

第二步，合并方支付对价给被合并方股东。被合并方股东收到的对价金额，原则上应按股份市值为基础计算，实行等价交易，置换为合并方的股权（股票），所以要视为股东的股权转让行为。但这种股权收购与一般的股权收购处理不同，收购方取得被合并方企业的股权（股票）后，要作注销处理。

第三步，被合并企业按注销处理。因被合并企业必须要注销，一般情况下，合并方按被合并方全部资产的公允价值（可变现价或交易价格）扣除清算所得税后的余额接收资产，与支付对价的差额确认为商誉，该商誉按现行企业所得税法律法规规定，是允许税前扣除的。

四、合并分类

按照法律和会计制度划分，企业合并分为以下三类：

1. 吸收合并

吸收合并是指两家或两家以上的企业合并成一家企业，其中一家企业将另一家企业或多家企业吸收进自己的企业，并以自己的名义继续经营，而被吸收的企业在合并后丧失法人地位，解散消失。

2. 创立合并

创立合并在我国《公司法》中也称新设合并。创立合并是指几家企业协议合并组成一家新的企业。也就是说，经过这种形式的合并，原来的各家企业均不复存在，而由新企业经营。

3. 控股合并

控股合并指一家企业购进或取得了另一家企业有投票表决权的股份或出资证明书，且已达到控制后者经营和财务方针的持股比例的企业合并形式。

税收上的合并因为要求被合并方注销，因此，只包括吸收合并与新设合并两类，与公司法的合并相同。控股合并在税收上归入股权收购的重组形式。

第二节　企业合并涉及的税收

一、增值税

企业合并后，被合并企业的全部资产和负债都要转移给合并企业，资产的所有权发生了实质上变化，本应该缴纳增值税。但是，由于被合并企业注销，并未取得资产销售收入，缴纳增值税主体存在问题。

目前，税收上对企业合并涉及资产（包括货物、土地使用权和不动产）的转移行为，实行的政策是不征收增值税。主要政策依据如下：

1. 《国家税务总局关于纳税人资产重组有关增值税问题的公告》（国家税务总局公告2011年第13号）就纳税人资产重组有关增值税问题公告如下：纳税人在资产重组过程中，通过合并、分立、出售、置换等方式，将全部或者部分实物资产以及与其相关联的债权、负债和劳动力一并转让给其他单位和个人，不属于增值税的征税范围，其中涉及的货物转让，不征收增值税。公告自2011年3月1日起执行。此前未作处理的，按照本公告的规定执行。

2. 《国家税务总局关于纳税人资产重组有关增值税问题的公告》（国家税务总局公告2013年第66号）就纳税人资产重组有关增值税问题公告如下：纳税人在资产重组过程中，通过合并、分立、出售、置换等方式，将全部或者部分实物资产以及与其相关联的债权、负债经多次转让后，最终的受让方与劳动力接收方为同一单位和个人的，仍适用《国家税务总局关于纳税人资产重组有关增值税问题的公告》（国家税务总局公告2011年第13号公告）的相关规定，其中货物的多次转让行为均不征收增值税。资产的出让方需将资产重组方案等文件资料报其主管税务机关。本公告自2013年12月1日起施行。

公告解读中认为，一些纳税人在进行资产重组时，将全部或者部分实物资产以及与其相关联的债权、负债通过多次转让，但最终的受让方与劳动力接收方为同一单位和个人，这种转让方式虽然不是一次性转让资产、负债和劳动力，但最终结果是实现了全部或部分实物资产以及与其相关联的债权、负债和劳动力全部转让给了同一单位和个人，应视为"一并转让"，对其中涉及的货物多次转让行为均不应征收增值税。

3.《营业税改征增值税试点有关事项的规定》（财税〔2016〕36号附件2）规定，在资产重组过程中，通过合并、分立、出售、置换等方式，将全部或者部分实物资产以及与其相关联的债权、负债和劳动力一并转让给其他单位和个人，其中涉及的不动产、土地使用权转让行为，不征收增值税。

上述政策文件对企业合并中，被合并企业将自己的货物、不动产和土地使用权转移至合并企业中的，由于涉及相关债权、债务和劳动力一并转让，所以不征收增值税，开不征税发票即可。但是，对于合并中涉及企业无形资产和金融商品转移的，政策没有相应的不征税或免税的政策，因而，企业合并中涉及无形资产和金融商品所有权发生转移的，因这种转移对注销的被合并方来看是无偿的，应按"视同销售"规定缴纳增值税。

《营业税改征增值税试点实施办法》（财税〔2016〕36号）第十四条规定，下列情形视同销售服务、无形资产或者不动产：（1）单位或者个体工商户向其他单位或者个人无偿提供服务，但用于公益事业或者以社会公众为对象的除外。（2）单位或者个人向其他单位或者个人无偿转让无形资产或者不动产，但用于公益事业或者以社会公众为对象的除外。（3）财政部和国家税务总局规定的其他情形。

合并转移的金融商品中如涉及股票的，依据现行增值税政策规定，可以暂不缴纳增值税。《财政部、国家税务总局关于明确无偿转让股票等增值税政策的公告》（财政部、国家税务总局公告2020年第40号）第一条规定，纳税人无偿转让股票时，转出方以该股票的买入价为卖出价，按照"金融商品转让"计算缴纳增值税；在转入方将上述股票再转让时，以原转出方的卖出价为买入价，按照"金融商品转让"计算缴纳增值税。

4.在企业合并中，如果被合并企业有尚未抵扣完的进项税额，如何处理呢？是否可以由合并企业继续抵扣呢？

《国家税务总局关于纳税人资产重组增值税留抵税额处理有关问题的公告》（国家税务总局公告2012年第55号）就纳税人资产重组中增值税留抵税额处理有关问题公告如下：

（1）增值税一般纳税人（以下称"原纳税人"）在资产重组过程中，将全部资产、负债和劳动力一并转让给其他增值税一般纳税人（以下称"新纳税人"），并按程序办理注销税务登记的，其在办理注销登记前尚未抵扣的进项税额可结转至新纳税人处继续抵扣。

（2）原纳税人主管税务机关应认真核查纳税人资产重组相关资料，核实原纳税人在办理注销税务登记前尚未抵扣的进项税额，填写《增值税一般纳税人资产重组进项留抵税额转移单》（略）。《增值税一般纳税人资产重组进项留抵税额转移单》一式三份，原纳税人主管税务机关留存一份，交纳税人一份，传递新纳税人主管税务机关一份。

（3）新纳税人主管税务机关应将原纳税人主管税务机关传递来的《增值税一般纳税人资产重组进项留抵税额转移单》与纳税人

报送资料进行认真核对，对原纳税人尚未抵扣的进项税额，在确认无误后，允许新纳税人继续申报抵扣。

二、契税

《财政部、国家税务总局关于继续支持企业事业单位改制重组有关契税政策的通知》（财税〔2018〕17号）第三条规定，两个或两个以上的公司，依照法律规定、合同约定，合并为一个公司，且原投资主体存续的，对合并后公司承受原合并各方土地、房屋权属，免征契税。投资主体存续，是指原企业、事业单位的出资人必须存在于改制重组后的企业，出资人的出资比例可以发生变动。

该通知自2018年1月1日起至2020年12月31日执行。由于本政策是持续接力文件，2021年1月1日后，请关注后续文件。

三、土地增值税

《财政部、国家税务总局关于继续实施企业改制重组有关土地增值税政策的通知》（财税〔2018〕57号）规定，按照法律规定或者合同约定，两个或两个以上企业合并为一个企业，且原企业投资主体存续的，对原企业将房地产转移、变更到合并后的企业，暂不征土地增值税。但上述改制重组有关土地增值税政策不适用于房地产转移任意一方为房地产开发企业的情形。

企业改制重组后，再转让国有土地使用权并申报缴纳土地增值税时，应以改制前取得该宗国有土地使用权所支付的地价款和按国家统一规定缴纳的有关费用，作为该企业"取得土地使用权所支付的金额"扣除。企业在改制重组过程中经省级以上（含省级）国土管理部门批准，国家以国有土地使用权作价出资入股的，再转让该宗国有土地使用权并申报缴纳土地增值税时，应以该宗土地作价入股时省级以上（含省级）国土管理部门批准的评估价格，作为该企业"取得土地使用权所支付的金额"扣除。办理纳税申报时，企业应提供该宗土地作价入股时省级以上（含省级）国土管理部门的批准文件和批准的评估价格，不能提供批准文件和批准的评估价格的，不得扣除。

文件明确，企业在申请享受上述土地增值税优惠政策时，应向主管税务机关提交房地产转移双方营业执照、改制重组协议或等效文件，相关房地产权属和价值证明、转让方改制重组前取得土地使用权所支付地价款的凭据（复印件）等书面材料。

通知所称不改变原企业投资主体、投资主体相同，是指企业改制重组前后出资人不发生变动，出资人的出资比例可以发生变动；投资主体存续，是指原企业出资人必须存在于改制重组后的企业，出资人的出资比例可以发生变动。

该项政策执行期限为2018年1月1日至2020年12月31日。由于本政策是持续接力文件，2021年1月1日后，请关注后续文件。

四、印花税

《财政部、国家税务总局关于企业改制过程中有关印花税政策的通知》（财税〔2003〕183号）规定，为贯彻落实国务院关于支持企业改制的指示精神，规范企业改制过程中有关税收政策，现就经县级以上人民政府及企业主管部门批准改制的企业，在改制过程中涉及的印花税政策通知如下：

实行公司制改造的企业在改制过程中成立的新企业（重新办理法人登记的），其新启用的资金账簿记载的资金或因企业建立资本纽带关系而增加的资金，凡原已贴花的部分可不再贴花，未贴花的部分和以后新增加的资金按规定贴花。公司制改造包括国有企业依《公司法》整体改造成国有独资有限责任公司；企业通过增资扩股或者转让部分产权，实现他人对企业的参股，将企业改造成有限责任公司或股份有限公司；企业以其部分财产和相应债务与他人组建新公司；企业将债务留在原企业，而以其优质财产与他人组建的新公司。

以合并或分立方式成立的新企业，其新启用的资金账簿记载的资金，凡原已贴花的部分可不再贴花，未贴花的部分和以后新增加的资金按规定贴花。合并包括吸收合并和新设合并。分立包括存续分立和新设分立。

执行该文件的重要前提是，要满足"经县级以上人民政府及企业主管部门批准改制的企业"这个条件，才可以享受相应的税收优惠政策。

五、企业所得税

企业合并是企业重组的形式之一，根据《财政部、国家税务总局关于企业重组业务企业所得税处理若干问题的通知》（财税〔2009〕59号）规定，合并双方涉及的企业所得税处理，按照不同的情形，分别适用一般性税务处理和特殊性税务处理。具体税务处理请看本章第四节和第五节。

第三节　企业合并的会计处理

企业会计制度中企业合并准则，将企业合并划分为同一控制下的企业合并与非同一控制下的企业合并，每一种情况下又进一步划分为吸收合并、控股合并及新设合并。本节主要分析讨论的是吸收合并的会计处理。

　　根据企业会计准则2006第20号企业合并的相关规定，企业合并是指将两个或者两个以上单独的企业合并形成一个报告主体的交易或事项。企业合并按合并方式划分，可分为控股合并、吸收合并和新设合并；按参与合并的企业在合并前后是否受同一方或相同多方的共同控制，企业合并分为同一控制下的企业合并和非同一控制下的企业合并。其中，新设合并由于其会计处理与一般企业的设立并无太大区别，因此无需加以特别规范，准则所阐述的主要是同一控制下的吸收合并与控股合并以及非同一控制下的吸收合并与控股合并的会计处理原则与方法，并且，准则中所规范的主要是合并方的会计处理。这是因为，在吸收合并中，被合并方只需反方向销账即可。在控股合并中，合并方从被合并方其他股东处取得其股权，对被合并方而言并无实质性的影响，只是具体的股东名称发生变化，因此被合并方无需专门的账务处理。下面从合并方的角度分别加以阐述。

　　首先应该明确，对于同一控制下企业吸收合并的会计处理，采用的是权益结合法，即在进行会计处理时，合并方对取得被合并方的净资产应按账面价值反映。这是因为参与合并的各方由于受同一方或相同多方控制，其合并时的公允价值可能并不公允，因此采用账面价值，该账面价值与合并方付出对价账面价值之间的差，调整资本公积（借差冲减资本公积时，以资本溢价为限，不足部分依次冲减盈余公积及未分配利润）。而非同一控制下的企业合并采用的是购买法，即将企业合并看作是真正的资产交易，由于合并双方并无任何关联关系，完全遵照市场规则进行，因此合并中所确认的公允价值认为是公允的，合并方在进行会计处理时，必定采用公允价值计量。

　　对于非同一控制下的吸收合并则要确认两个差额：一是作为合并对价而付出的资产的公允价值与账面价值的差额，同样作为资产转让损益，记入相关损益科目；二是付出资产的公允价值（即合并成本）与获得的被合并方净资产的公允价值之间的差额，应视为正负商誉，借差记入"商誉"，贷差记入"营业外收入"。

一、同一控制下的吸收合并实务

【举例】甲公司与乙公司同为A公司的两家子公司。20×9年1月1日，甲公司以一台固定资产以及发行普通股30 000股对乙公司进行吸收合并，并于该日取得乙公司的净资产。甲公司固定资产的账面原价200万元，已计提折旧50万元，已计提固定资产减值准备10万元，公允价值160万元；甲公司普通股每股面值为10元，每股市价为20元。不考虑其他相关税费。假定甲公司与乙公司在合并前采用的会计政策相同。

20×9年1月1日，乙公司的资产和负债的账面价值、公允价值以及甲公司合并前的资产和负债的账面价值见下表。

甲、乙公司合并前资产负债情况表

20×9年1月1日　　　　单位：元

项目	甲公司		乙公司	
	账面价值		账面价值	公允价值
资产				
银行存款	800 000		100 000	100 000
应收账款	1 000 000		300 000	280 000
存货	1 400 000		400 000	500 000
固定资产	4 600 000		1 200 000	1 900 000
无形资产				100 000
资产总计	7 800 000		2 000 000	2 880 000
负债及权益				
应付账款	280 000		420 000	390 000
应付债券	1 120 000		80 000	90 000

续表

项目	甲公司		乙公司	
	账面价值		账面价值	公允价值
负债合计	1 400 000		500 000	480 000
股本	2 000 000		300 000	
资本公积	1 400 000		400 000	
盈余公积	2 000 000		500 000	
未分配利润	1 000 000		300 000	
所有者权益合计	6 400 000		1 500 000	2 400 000
负债及权益总计	7 800 000		2 000 000	

甲公司于20×9年1月1日取得乙公司净资产时的会计处理如下：

借：固定资产清理　　　1 400 000

　　累计折旧　　　　　　500 000

　　固定资产减值准备　100 000

　　贷：固定资产　　　　2 000 000

借：银行存款　　　　　100 000

　　应收账款　　　　　300 000

　　库存商品（存货）　400 000

　　固定资产　　　　1 200 000

　　资本公积　　　　　200 000（倒挤）

　　贷：应付账款　　　420 000

　　　　应付债券　　　　80 000

　　　　固定资产清理　1 400 000

　　　　股本　　　　　300 000

　　甲公司在合并中取得的资产和负债，按照合并日乙公司的账面价值计量。甲公司取得的净资产账面价值150万元与支付的合并对价账面价值170万元（即付出固定资产的账面价值与发行股份面值总额之和）的差额20万元，应当调整资本公积。资本公积不足冲减的，调整留存收益。甲公司资本公积账面余额为140万元，足以冲减，因此不必进一步冲减留存收益。

本例中，若甲公司发行的普通股为50 000股，每股面值10元。则上述第二笔会计分录为：

借：银行存款　　　　　100 000

　　应收账款　　　　　300 000

　　库存商品（存货）　400 000

　　固定资产　　　　1 200 000

　　资本公积　　　　　 40 000（倒挤）

　　贷：应付账款　　　　420 000

　　　　应付债券　　　　 80 000

　　　　固定资产清理　1 400 000

　　　　股本　　　　　 500 000

本例中，若甲公司发行的普通股为20万股，每股面值10元。则上述第二笔会计分录为：

借：银行存款　　　　　100 000

　　应收账款　　　　　300 000

　　库存商品（存货）　400 000

　　固定资产　　　　1 200 000

　　资本公积　　　　1 400 000

　　盈余公积　　　　 500 000

　　贷：应付账款　　　　420 000

　　　　应付债券　　　　 80 000

　　　　固定资产清理　1 400 000

　　　　股本　　　　 2 000 000

二、非同一控制下的吸收合并实务

【举例】假设甲公司与乙公司不属于同一控制下的两家公司，其他条件不变，则甲公司于20×9年1月1日乙公司净资产时的会计处理如下：

借：固定资产清理　　　1 400 000
　　累计折旧　　　　　500 000
　　固定资产减值准备　100 000
　　贷：固定资产　　　　　2 000 000

借：银行存款　　　　　100 000
　　应收账款　　　　　280 000
　　库存商品（存货）　500 000
　　固定资产　　　　　1 900 000
　　无形资产　　　　　100 000
　　贷：应付账款　　　　　390 000
　　　　应付债券　　　　　90 000
　　　　固定资产清理　　　1 400 000
　　　　股本　　　　　　　300 000
　　　　资本公积　　　　　300 000[（市价20−面值10）×
30 000股]
　　　　营业外收入　　　　400 000

甲公司在合并中取得乙公司的资产和负债，按照合并日的公允价值计量。甲公司收购乙公司的成本为付出固定资产与发行权益性证券的公允价值和各项直接费用之和，其金额为220万元（160万元+60万元），与取得的乙公司净资产公允价值240万元之间的差额20万元，应当作为负商誉，计入营业外收入。另外，固定资产公允价值160万元与账面价值140万元之间的差额20万元作为资产转让损益，同样计入营业外收入。

本例中，若甲公司付出固定资产的公允价值为190万元，则上述第二笔分录为：

借：银行存款　　　　　　100 000

　　应收账款　　　　　　280 000

　　库存商品（存货）　　500 000

　　固定资产　　　　　1 900 000

　　无形资产　　　　　　100 000

　　商誉　　　　　　　　100 000

　贷：应付账款　　　　　390 000

　　　应付债券　　　　　 90 000

　　　固定资产清理　　1 400 000

　　　股本　　　　　　 300 000

　　　资本公积　　　　 300 000[（市价20−面值10）×30 000股]

　　　营业外收入　　　 500 000

甲公司合并对价的公允价值250万元（190万元+60万元）与取得的乙公司净资产公允价值240万元之间的差额10万元，应当作为正商誉加以确认。另外，固定资产公允价值190万元与账面价值140万元之间的差额50万元作为资产转让损益，同样计入营业外收入。

分析：根据《企业会计准则第20号——企业合并应用指南》及《企业会计准则第6号——无形资产应用指南》规定，商誉是企业合并成本大于合并取得被购买方各项可辨认资产、负债公允价值份额的差额，其存在无法与企业自身分离，不具有可辨认性，不属于无形资产准则所规范的无形资产。因而不能与企业其他无形资产一样进行摊销处理。

对于商誉部分的会计处理，《企业会计准则应用指南——会计科目和主要账务处理》，"商誉"科目处理为，本科目核算非同一控制下企业合并中取得的商誉价值。商誉发生减值的，应在本科目设置"减值准备"明细科目进行核算，也可以单独设置"商誉减值准备"科目进行核算。企业应按企业合并准则确定的商誉价值，借记本科目，贷记有关科目。资产负债表日，企业根据资产减值准则确定商誉发生减值的，按应减记的金额，借记"资产减值损失"科目，贷记本科目（减值准备）。本科目期末借方余额，反映企业外购商誉的价值。因此，商誉在会计上仅能进行减值处理。

在企业所得税处理上，因为商誉是收购企业在合并时的一项实际支出，这项支出是可以税前扣除的，只不过平时也不能通过摊销方式在税前扣除，而只能在企业整体转让或注销清算时才可以税前扣除。

《中华人民共和国企业所得税法实施条例》第六十五条规定，企业所得税法第十二条所称无形资产，是指企业为生产产品、提供劳务、出租或者经营管理而持有的、没有实物形态的非货币性长期资产，包括专利权、商标权、著作权、土地使用权、非专利技术、商誉等。第六十七条规定，无形资产按照直线法计算的摊销费用，准予扣除。无形资产的摊销年限不得低于10年。作为投资或者受让的无形资产，有关法律规定或者合同约定了使用年限的，可以按照规定或者约定的使用年限分期摊销。外购商誉的支出，在企业整体转让或者清算时，准予扣除。

需要特别提示的是，2008年新企业所得税法实施前，商誉在企业所得税处理时，是不能税前扣除的。国家税务总局关于印发《企业所得税税前扣除办法》（国税发〔2000〕84号）的通知第二十四条第（二）项规定，自创或外购的商誉，不得计提折旧或摊销费用。

第四节　企业合并的一般性税务处理

根据企业所得税法及相关政策规定，按一般性税务处理的合并企业，涉及非货币性资产所有权发生转移的，各方都要按视同销售处理，因而，接受资产方可以按视同销售的公允价值作为接收资产的计税基础。由于吸收合并中被合并企业注销，还应按企业注销进行企业所得税清算，计算清算所得缴纳企业所得税。企业清算后股东接受的合并对价，虽然不是被清算企业的实际支付，也要视为清算收回股权处理。

一、企业注销清算所得税处理

企业注销清算在所得税处理上主要为两个清算，一是企业清算，视为企业将全部资产、债权、债务进行处置，计算处置所得缴纳企业所得税。二是企业股东清算，企业清算后的剩余资产归股东所有，视为股东收回投资，其中收回股权投资成本部分不征税，归属于股东的股息红利部分按规定征免税，其余溢出部分为股权转让所得，按规定纳税。股东收回资产金额低于投资成本的，视为股权投资损失，企业股东可以按规定税前扣除。

一般情况下，股东收回资产不会超过投资成本和税后留存部分。但在吸收合并中，被吸收企业股东获得的对价往往会远远超过清算企业净资产的剩余资产，这就必然会存在超过股权投资成本和被清算企业税后留存的溢出部分现象。

企业清算的所得税处理，是指企业在不再持续经营，发生结束自身业务、处置资产、偿还债务以及向所有者分配剩余财产等经济行为时，对清算所得、清算所得税、股息分配等事项的处理。

《财政部、国家税务总局关于企业清算业务企业所得税处理若干问题的通知》（财税〔2009〕60号）规定，企业清算的所得税处理，是指企业在不再持续经营，发生结束自身业务、处置资产、偿还债务以及向所有者分配剩余财产等经济行为时，对清算所得、清算所得税、股息分配等事项的处理。下列企业应进行清算的所得税处理：一是按《公司法》《企业破产法》等规定需要进行清算的企业；二是企业重组中需要按清算处理的企业，主要为法人企业变为非法人企业、企业合并中的一般性税务处理，企业解散分立和企业搬迁至境外等。

企业清算的所得税处理包括以下内容：（1）全部资产均应按可变现价值或交易价格，确认资产转让所得或损失；（2）确认债权清理、债务清偿的所得或损失；（3）改变持续经营核算原则，对预提或待摊性质的费用进行处理；（4）依法弥补亏损，确定清算所得；（5）计算并缴纳清算所得税；（6）确定可向股东分配的剩余财产、应付股息等。前述（1）至（5）点是企业清算，第（6）点是股东清算。

该文件同时规定，企业的全部资产可变现价值或交易价格，减除资产的计税基础、清算费用、相关税费，加上债务清偿损益等后的余额，为清算所得。企业应将整个清算期作为一个独立的纳税年度计算清算所得。企业全部资产的可变现价值或交易价格减除清算费用，职工的工资、社会保险费用和法定补偿金，结清清算所得税、以前年度欠税等税款，清偿企业债务，按规定计算可以向所有者分配的剩余资产。

文件还明确，被清算企业的股东分得的剩余资产的金额，其中相当于被清算企业累计未分配利润和累计盈余公积中按该股东所占股份比例计算的部分，应确认为股息所得；剩余资产减除股息所得后的余额，超过或低于股东投资成本的部分，应确认为股东的投资转让所得或损失。被清算企业的股东从被清算企业分得的资产应按可变现价值或实际交易价格确定计税基础。

根据上述规定分析，由于清算企业全部资产已经按可变现价值或交易价格计算了清算所得，因而股东从被清算企业分得的资产应按可变现价值或实际交易价格确定计税基础。需要强调的是，被清算企业全部资产清算时的作价是按企业本身持有资产的可变现或交易价格确定，而不是按企业全部发行的股票（股份）市场价值确定。

【举例1】某公司注销时，账面资产为1 800万元，可变现价（不含税）2 000万元；负债1 000万元；所有者权益800万元，其中公司股东股权成本为500万元。企业清算时支付清算费用10万元，负债中有100万元未支付，无弥补亏损。依据税收政策规定，按如下计算企业清算所得和股东清算所得税。

清算解析：

（1）企业清算所得：（2 000-1 800）-10+100=290（万元）

（2）企业清算所得税：290×25%=72.5（万元）

（3）企业税后留存收益：（800-500）+（290-72.5）=517.5（万元）

（4）企业税后剩余资产：2 000-900-10-72.5=1 017.5（万元）

（5）股东（企业）清算所得：1 017.5-517.5-500=0

企业股东获得的税后股息红利517.5万元为免税收入。如果股东为个人股东，则只能扣减投资成本500万元，剩余517.5万元需要缴纳个人所得税。

【举例2】某企业清算时的资产、负债记载如下：①资产的账面价值3 400万元、资产的计税基础3 800万元、资产的可变现净值4 300万元。②负债3 700万元、最终清偿额3 500万元。③企业清算期内支付清算费用70万元。④企业支付职工安置费、法定补偿金100万元。⑤清算过程中发生的相关税费为20万元。⑥以前年度可以弥补的亏损100万元。⑦股东投资成本500万元。依据税收政策规定，按如下计算企业清算所得和股东清算所得税。

清算解析：

（1）企业清算所得：4 300 – 3 800 +（3 700 – 3 500）– 70 – 100 – 20 – 100 = 410（万元）

（2）企业清算所得税：410×25% = 102.5（万元）

（3）企业留存收益：（3 400 – 3 700 – 500）+（4 300 – 3 400 + 200 – 70 – 100 – 20 – 102.5）= 7.5（万元）

（4）清算剩余资产：4 300 – 3 500 – 70 – 100 – 20 – 102.5 = 507.5（万元）

（5）股东清算所得：507.5 – 500 – 7.5 = 0

同样，企业股东获得的税后股息红利7.5万元为免税收入。如果股东为个人股东，则只能扣减投资成本500万元，剩余7.5万元需要缴纳个人所得税。

二、企业合并一般性税务处理

（一）企业所得税处理

《财政部、国家税务总局关于企业重组业务企业所得税处理若干问题的通知》（财税〔2009〕59号）第四条第（四）项规定，企业合并，当事各方应按下列规定处理：

（1）合并企业应按公允价值确定接受被合并企业各项资产和负债的计税基础。

（2）被合并企业及其股东都应按清算进行所得税处理。

（3）被合并企业的亏损不得在合并企业结转弥补。

企业合并中，如果不符合特殊性税务处理或虽然符合但合并各方选择一般性税务处理的。第一，被合并企业及其股东都应按清算进行所得税处理。同时，被合并企业的亏损也当然由自己的清算所得弥补，不得在合并企业结转弥补。第二，既然被合并企业已经按公允价值视同销售计算了清算所得并纳税，那么，合并企业理所当然应按公允价值确定接受被合并企业各项资产和负债作为计税基础。

在这里，我们必须再次说明一下"被合并企业资产的公允价值"的确定问题，因为在企业合并中，被合并企业的资产并未实际处置，没有正常的市场销售价格，但很可能有一个合并中的各项资产的评估价格。有的人认为，合并中，合并企业支付给被合并企业股东的对价就是被合并企业的全部净资产的公允价值。这个看法是不准确的，如前面所述，合并企业支付的对价是直接支付给股东的，而且这个对价金额的确定是以被合并企业股票（股份）价格为基础确定，企业股票价格与企业净资产的价值是不一致的，甚至是严重脱离的。所以，一般性税务处理计算被合并企业清算所得时，还是要回归到本企业全部资产的可变现价值或交易价格，不能简单地以被合并企业股东获得的对价视为被合并企业净资产公允价进行清算。

那么，这个价值如何确定呢？我们可以参考董树奎、孙瑞标、陆炜主编的《税收制度与企业会计制度差异分析及协调》（中国财政经济出版社2003年版）关于吸收合并中的相关表述：被收购企业的净资产的公允价值一般以法定中介机构评估价值为准，而收购价格则是以评估价值为基础由合并当事双方协商或竞标确定。显然，企业净资产评估价就是税法规定企业清算的公允价值，而支付给股东的收购价则是股票的市值为基础确定的金额。

当然，受当时税收政策"自创或外购的商誉"均不得税前摊销扣除的影响，《税收制度与企业会记制度差异分析及协调》一书中还有一个相关的观点也会使我们产生模糊认识，即"我国现行税法虽然没有明确规定企业必须按评估价值进行收购合并，但不允许商誉摊销本身就是倡导应以被合并企业净资产公允价值作为收购代价"。

新的《企业所得税法》于2008年1月1日实施后，合并中的商誉也可以税前扣除了，因此，这部分商誉不能再摊入被合并企业的各项资产中。也就是说，绝大多数企业合并情况下，不能也不可能再"倡导应以被合并企业净资产公允价值作为收购代价"了。既然商誉的计税基础已回归，那么，资产本身的公允价值不能再包含商誉价值，也必然要回归到"本身的公允价值"为计税基础。而且，随着改制重组的日趋活跃及证券市场的快速发展，企业净资产公允价值与企业发行股票的市值已完全不等同了。

《财政部、国家税务总局关于企业重组业务企业所得税处理若干问题的通知》（财税〔2009〕59号）相关规定：可由合并企业弥补的被合并企业亏损的限额=被合并企业净资产公允价值×截至合并业务发生当年年末国家发行的最长期限的国债利率。其中的"被合并企业净资产公允价值"是企业本身净资产的公允价值（评估价），不是该公司被合并时的股票市值。

1. 被清算企业资产公允价值清算

【案例1】A公司换股吸收合并B公司，B公司被合并时账面净资产为80亿元，公允价值100亿元（假如负债无评估增减值）。B公司股东（为企业股东）投资成本为50亿元。如，B公司股票市值300亿元，A公司按股票市值溢价25%吸收合并B公司，B公司的股东收到A公司支付的股票对价市值375亿元（300×125%）。企业所得税选择一般性税务处理，则：

清算一，按B公司本身资产的公允价值清算，结果如下：

（1）B公司清算所得及所得税。清算所得=100-80=20（亿元），如无弥补亏损，清算企业所得税=20×25%=5（亿元）

（2）B公司的股东股权清算所得。股东收入375-税后留存（30+15）-投资成本50=280（亿元）

（3）B股东取得A公司股份计税成本。因股东清算时已按全部收入375亿元为收入额计算所得，B股东取得新股计税成本为375亿元。

（4）A公司取得B公司资产计税成本。企业净资产100亿元，扣减纳税金额5亿元，实际取得资产95亿元，与支付对价375亿元之差280亿元为商誉。

2. 被清算企业股票（股权）公允价值清算

清算二，按B公司发行股票公允价值支付对价清算，结果如下：

（1）B公司清算所得及所得税。清算所得=375-80=295（亿元），如无弥补亏损，清算企业所得税=295×25%=73.75（亿元）

（2）B公司之股东股权清算所得。股东收入（375-73.75）-税后留存［30+（295-73.75）］-投资成本50=0

（3）B股东取得A公司股份计税成本。因股东清算时已按全部收入375亿元为收入额计算所得，B股东取得新股计税成本为375亿元。

（4）A公司取得B公司资产计税成本。企业净资产375亿元，扣减纳税金额73.75亿元，实际取得资产301.25亿元，与支付对价375亿元之差为商誉。

以上两种清算方法比较，清算一按B公司本身拥有的资产的公允价值（评估价值）清算，需缴纳企业所得税5亿元，而清算二按B公司股东在企业合并中获得的对价（股东持有的B公司股票价值）清算，需缴纳企业所得税73.75亿元，两者相差悬殊。

如前所述，企业股票价格与企业净资产的价值是不一致的，甚至是严重脱离的，而且，企业合并后，如税务要求企业清算缴纳企业所得税，该项税收也不是由合并后的股东来承担，是被清算企业（即被合并企业）承担或合并企业承继。除此之外，其他后续股东清算的计算结果、企业接收资产、商誉等价值的确定也完全不同。

所以，在这个问题的纳税处理上，合并双方与主管税务机关应根据《财政部、国家税务总局关于企业清算业务企业所得税处理若干问题的通知》（财税〔2009〕60号）规定的税收政策，采取正确的方法（即清算一）对被合并企业进行一般性税务处理的清算。

【案例2】甲公司合并乙公司，乙公司股东为A企业，其投资乙公司股权的计税基础为4 600万元，被合并时账面净资产为6 670万元（计税基础与会计账面价值相同，其中税后留存收益为2 070万元），评估公允价值9 789万元。如甲公司合并乙公司支付给A股东的对价是12 500万元，且全部为股权支付。按照企业所得税相关政策规定，如当事各方选择按一般性税务处理。

税务分析：

（1）合并企业应按公允价值确定接受被合并企业各项资产和负债的计税基础。即合并企业甲公司接受乙公司各项资产的计税基础为9 789万元，按规定进行分配至各项资产和负债。甲公司支付对价12 500万元与资产计税基础9 789万元之间的差额2 711万元作为商誉处理，税收上允许企业在整体资产转让或清算时扣除。

（2）被合并企业及其股东都应按清算进行所得税处理。被合并企业乙公司和其股东A企业按清算进行所得税处理，处理如下：

乙公司注销清算所得为3 119万元（9 789-6 670），如无其他债权债务清偿所得、损失和亏损弥补，清算所得缴纳企业所得税779.75万元（3 119×25%）。该部分所得税金额应计入商誉。

清算所得税后利润为2 339.25万元（3 119-779.75），加上原留存收益2 070，税后累计留存为4 409.25万元（2 339.25+2 070）；

股东A企业股权转让所得：12 500-4 600-4 409.25=3 490.75（万元），并入A企业当期应纳税所得额，按规定缴纳企业所得税。

（3）被合并企业的亏损不得在合并企业结转弥补。被合并企业乙公司如存在亏损，由于已经进行税收清算，其亏损不得结转给合并企业甲公司。

（二）个人所得税处理

《国家税务总局关于企业重组业务企业所得税征收管理若干问题的公告》（国家税务总局公告2015年第48号）规定，上述重组（注：涉及财税〔2009〕59号规定的企业重组）交易中，股权收购中转让方、合并中被合并企业股东和分立中被分立企业股东，可以是自然人。当事各方中的自然人应按个人所得税的相关规定进行税务处理。

对于合并各方中的个人所得税处理，实际上涉及的仅仅是被合并企业的个人股东股权置换是否征收个人所得税问题，因为合并完成后，被合并企业中的个人股东与其他股东一样，其原持有的股份已经转换成了合并企业的股份。按照现行个人所得税相关政策规定一般有以下两种处理方式：

1. 按个人股东收回投资处理。这种处理的理由是，按照企业合并企业所得税的一般性税务处理政策规定，被合并企业应按注销清算处理，所以个人股东取得的实际对价，与其他企业股东一样，全部视为企业注销清算后收回的投资进行处理，即扣除个人当初的投资成本外，均视为个人股息红利所得缴纳个人所得税。

但上述处理存在以下两个问题：一是财税〔2009〕59号文件规范的是企业所得税，企业股东可以按这种方式处理，个人股东税收直接适应企业所得税政策明显不合适。二是个人股东获得的对价实际上不是来源于被合并企业剩余资产的分配，而是来源于收购方，个人股东是用自己的股权（股票）作价换取了合并企业的股权（股票）。

2. 按个人非货币性资产投资中的股权置换处理。如上所述，被合并企业的个人股东在合并中获得的对价实际上不是来源于被合并企业剩余资产的分配，而是来源于收购方，个人股东是用自己的股权（股票）作价换取了合并企业的股权（股票）。

这种股权置换行为，我们只能在个人所得税政策中寻找相关征免税依据。《财政部、国家税务总局关于个人非货币性资产投资有关个人所得税政策的通知》（财税〔2015〕41号）第五条规定，本通知所称非货币性资产，是指现金、银行存款等货币性资产以外的资产，包括股权、不动产、技术发明成果以及其他形式的非货币性资产。本通知所称非货币性资产投资，包括以非货币性资产出资设立新的企业，以及以非货币性资产出资参与企业增资扩股、定向增发股票、股权置换、重组改制等投资行为。

该文件具体征税政策如下：个人以非货币性资产投资，属于个人转让非货币性资产和投资同时发生。对个人转让非货币性资产的所得，应按照"财产转让所得"项目，依法计算缴纳个人所得税。

个人以非货币性资产投资，应按评估后的公允价值确认非货币性资产转让收入。非货币性资产转让收入减除该资产原值及合理税费后的余额为应纳税所得额。

个人以非货币性资产投资，应于非货币性资产转让、取得被投资企业股权时，确认非货币性资产转让收入的实现。个人应在发生上述应税行为的次月15日内向主管税务机关申报纳税。纳税人一次性缴税有困难的，可合理确定分期缴纳计划并报主管税务机关备案后，自发生上述应税行为之日起不超过5个公历年度内（含）分期缴纳个人所得税。个人以非货币性资产投资交易过程中取得现金补价的，现金部分应优先用于缴税；现金不足以缴纳的部分，可分期缴纳。个人在分期缴税期间转让其持有的上述全部或部分股权，并取得现金收入的，该现金收入应优先用于缴纳尚未缴清的税款。

三、一般性税务处理报备管理

企业合并一般性税务处理征收管理中，合并企业与被合并企业应加强相关税收管理，规避涉税风险，企业应依据国家税收政策及当地税务机关的要求，积极与主管税务机关沟通和咨询，了解具体纳税申报、资料报送和资料留存备查事项，履行纳税人的相关义务。

《国家税务总局关于企业重组业务企业所得税征收管理若干问题的公告》（国家税务总局公告2015年第48号）规定，合并、主导方为被合并企业，涉及同一控制下多家被合并企业的，以净资产最大的一方为主导方。财税〔2009〕59号文件第十一条所称重组业务完成当年，是指重组日所属的企业所得税纳税年度。企业合并中，以合并合同（协议）生效、当事各方已进行会计处理且完成工商新设登记或变更登记日为重组日。按规定不需要办理工商新设或变更登记的合并，以合并合同（协议）生效且当事各方已进行会计处理的日期为重组日。

《企业重组业务企业所得税管理办法》（国家税务总局公告2010年第4号）第十三条规定，企业发生一般性税务处理的合并，应按照财税〔2009〕60号文件规定进行清算。被合并企业在报送《企业清算所得纳税申报表》时，应附送以下资料：（1）企业合并的工商部门或其他政府部门的批准文件；（2）企业全部资产和负债的计税基础以及评估机构出具的资产评估报告；（3）企业债务处理或归属情况说明；（4）主管税务机关要求提供的其他资料证明。

第十五条规定，企业合并，合并各方企业涉及享受《中华人民共和国企业所得税法》第五十七条规定中就企业整体（即全部生产经营所得）享受的税收优惠过渡政策尚未期满的，仅就存续企业未享受完的税收优惠，按照财税〔2009〕59号第九条的规定执行。即在企业吸收合并中，合并后的存续企业性质及适用税收优惠的条件未发生改变的，可以继续享受合并前该企业剩余期限的税收优惠，其优惠金额按存续企业合并前一年的应纳税所得额（亏损计为零）计算；注销的被合并企业未享受完的税收优惠，不再由存续企业承继；合并而新设的企业不得再承继或重新享受上述优惠。合并各方企业按照《中华人民共和国企业所得税法》的税收优惠规定和税收优惠过渡政策中就企业有关生产经营项目的所得享受的税收优惠承继问题，按照《中华人民共和国企业所得税法实施条例》第八十九条规定执行。

《中华人民共和国企业所得税法实施条例》第八十九条规定，依照本条例第八十七条和第八十八条规定享受减免税优惠的项目，在减免税期限内转让的，受让方自受让之日起，可以在剩余期限内享受规定的减免税优惠；减免税期限届满后转让的，受让方不得就该项目重复享受减免税优惠。

注：第八十七条规定，企业所得税法第二十七条第（二）项所称国家重点扶持的公共基础设施项目，是指《公共基础设施项目企业所得税优惠目录》规定的港口码头、机场、铁路、公路、城市公共交通、电力、水利等项目。企业从事前款规定的国家重点扶持的公共基础设施项目的投资经营的所得，自项目取得第一笔生产经营收入所属纳税年度起，第一年至第三年免征企业所得税，第四年至第六年减半征收企业所得税。企业承包经营、承包建设和内部自建自用本条规定的项目，不得享受本条规定的企业所得税优惠。

第八十八条规定，企业所得税法第二十七条第（三）项所称符合条件的环境保护、节能节水项目，包括公共污水处理、公共垃圾处理、沼气综合开发利用、节能减排技术改造、海水淡化等。项目的具体条件和范围由国务院财政、税务主管部门商国务院有关部门制订，报国务院批准后公布施行。企业从事前款规定的符合条件的环境保护、节能节水项目的所得，自项目取得第一笔生产经营收入所属纳税年度起，第一年至第三年免征企业所得税，第四年至第六年减半征收企业所得税。

第五节　企业合并的特殊性税务处理

企业合并的企业所得税除一般性税务处理外，也存在另外一种处理方式即特殊性税务处理。这种特殊处理可以简单地概括为：被合并方企业及股东都不需按清算处理；股东置换股权行为不视为股权转让；合并方接受被合并方的各项资产隐含的增值或减值因在税收上没有通过清算实现，因而合并方接收资产的计税基础，按原资产的计税基础延续确定。

一、特殊性税务处理

（一）股权支付不纳税

符合规定条件的企业合并，既可以选择按一般性税务处理，也可以选择特殊性税务处理。特殊性税务处理的主要体现就是被合并企业注销后不需要进行企业所得税清算处理。

《财政部、国家税务总局关于企业重组业务企业所得税处理若干问题的通知》（财税〔2009〕59号）第五条规定，企业重组同时符合下列条件的，适用特殊性税务处理规定：

（1）具有合理的商业目的，且不以减少、免除或者推迟缴纳税款为主要目的。

（2）被收购、合并或分立部分的资产或股权比例符合本通知规定的比例。

（3）企业重组后的连续12个月内不改变重组资产原来的实质性经营活动。

（4）重组交易对价中涉及股权支付金额符合本通知规定比例。

（5）企业重组中取得股权支付的原主要股东，在重组后连续12个月内，不得转让所取得的股权。

适用上述第（3）项和第（5）项的当事各方应在完成重组业务后的下一年度的企业所得税年度申报时，向主管税务机关提交书面情况说明，以证明企业在重组后的连续12个月内，有关符合特殊性税务处理的条件未发生改变。

企业合并重组符合上述规定条件的，交易各方对其交易中的股权支付部分，可以按以下规定进行特殊性税务处理：企业股东在该企业合并发生时取得的股权支付金额不低于其交易支付总额的85%，以及同一控制下且不需要支付对价的企业合并，可以选择按以下规定处理：

（1）合并企业接受被合并企业资产和负债的计税基础，以被合并企业的原有计税基础确定。

（2）被合并企业合并前的相关所得税事项由合并企业承继。

（3）每年可由合并企业弥补的被合并企业亏损的限额=被合并企业净资产公允价值×截至合并业务发生当年年末国家发行的最长期限的国债利率。

（4）被合并企业股东取得合并企业股权的计税基础，以其原持有的被合并企业股权的计税基础确定。

上述同一控制，是指参与合并的企业在合并前后均受同一方或相同的多方最终控制，且该控制并非暂时性的。能够对参与合并的企业在合并前后均实施最终控制权的相同多方，是指根据合同或协议的约定，对参与合并企业的财务和经营政策拥有决定控制权的投资者群体。在企业合并前，参与合并各方受最终控制方的控制在12个月以上，企业合并后所形成的主体在最终控制方的控制时间也应达到连续12个月。

上述被合并企业合并前的相关所得税事项由合并企业承继，这些事项包括尚未确认的资产损失、分期确认收入的处理以及尚未享受期满的税收优惠政策承继处理问题等。其中，对税收优惠政策承继处理问题，凡属于依照《中华人民共和国企业所得税法》第五十七条规定中就企业整体（即全部生产经营所得）享受税收优惠过渡政策的，合并后的企业性质及适用税收优惠条件未发生改变的，可以继续享受合并前各企业剩余期限的税收优惠。合并前各企业剩余的税收优惠年限不一致的，合并后企业每年度的应纳税所得额，应统一按合并日各合并前企业资产占合并后企业总资产的比例进行划分，再分别按相应的剩余优惠计算应纳税额。合并前各企业按照《中华人民共和国企业所得税法》的税收优惠规定以及税收优惠过渡政策中就有关生产经营项目所得享受的税收优惠承继处理问题，按照《中华人民共和国企业所得税法实施条例》第八十九条规定执行。

政策分析：

（1）由于被合并企业选择不走清算程序，其资产转移的所得或损失暂不实现，资产计税基础延续，因而，合并企业接受被合并企业资产和负债的计税基础，以被合并企业的原有计税基础确定。

（2）按照公司法规定，被合并企业注销解散不清算，其债权、债务及相关权利义务由合并后存续公司承继，税收未清算情形下，被合并企业合并前的相关所得税事项理应由合并企业承继。

（3）为了防止有的企业通过兼并亏损企业用自己利润弥补亏损避税，税收政策规定了合并企业每年可弥补亏损的一个限额，这个限额亏损也是在规定年限之内的。

（4）被合并企业股东旧股换新股，也不视同股权转让，不需实现所得，旧股的计税基础就需要延续到新股中。所以，被合并企业股东取得合并企业股权的计税基础，以其原持有的被合并企业股权的计税基础确定。

【举例1】A公司换股吸收合并B公司，B公司被合并时账面净资产为80亿元，公允价值100亿元（假如负债无评估增减值）。B公司股东（为企业股东）投资成本为50亿元。如，B公司股票市值300亿元，A公司按股票市值溢价25%吸收合并B公司，B公司的股东收到A公司支付的股票对价市值375亿元（300×125%）。企业所得税选择特殊性税务处理，则：

（1）B公司无需清算，无清算所得及企业所得税。

（2）B公司的股东股权无清算所得及转让所得。

（3）B股东取得A公司股份（股票）市值375亿元，但计税成本是50亿元。

（4）A公司取得B公司全部净资产计税成本是：资产80亿元＋商誉275亿元。该商誉平时不能摊销，企业整体资产转让或清算时能税前扣除。

（5）如B公司存在规定期限内的可弥补亏损，可以按规定计算每年弥补的亏损限额。

商誉计税基础分析：同样的例子，一般性税务处理时，商誉的计税基础是280亿元。但本例特殊性税务处理时却是275亿元，是什么原因呢？

这是因为，一般性税务处理时，被合并企业需要按清算处理，B公司清算所得20亿元（100-80），应缴纳企业所得税5亿元。A公司接受净资产为95亿元（100-5），与合并支付对价375亿元差额为280亿元（375-95）。特殊性税务处理时，B公司无需清算，A公司接受净资产公允价值100亿元（计税基础为80亿元），与合并支付对价375亿元之差为275亿元。进一步分析，A公司如后续处置该部分资产时，这部分资产会涉及所得20亿元，需纳税5亿元，可以将5亿元计入商誉的计税基础，恢复至280亿元。

有的人可能会有一个疑问：特殊性税务处理下，A公司接收B公司全部净资产计税基础为80亿元，实际支付对价是375亿元，商誉为何不能是295亿元呢？

按企业所得税政策规定，特殊性税务处理时，部分资产不确认所得，计税基础延续计算。因而与一般性税务处理后资产的计税基础必然不同，在资产增值的情况下，特殊性税务处理接收资产的计税基础肯定小于一般性税务处理接收资产的计税基础，这部分差额就是公允价值与计税成本的差额。如果商誉计税基础按295亿元算，加上接收资产计税基础80亿元，总的资产计税基础为375亿元，就出现与一般性税务处理接收资产总计税基础375亿相等的结果。

【举例2】甲公司合并乙公司，乙公司股东为A企业，其投资乙公司股权的计税基础为4 600万元，被合并时账面净资产为6 670万元（计税基础与会计账面价值相同，其中税后留存收益为2 070万元），评估公允价值9 789万元。如甲公司合并乙公司支付给A股东的对价全部是增发本企业股份，股份公允价值是12 500万元。按照企业所得税相关政策规定，股权支付比例超过全部支付价款的85%，当事各方选择按特殊性税务处理。

分析处理如下：

（1）合并企业接受被合并企业资产和负债的计税基础，以被合并企业的原有计税基础确定。合并企业甲公司接受被合并企业乙公司全部净资产的计税基础仍为6 670万元，该部分资产隐含的增值3 119万元（9 789-6 670）暂不实现也不予确认计税基础。

（2）被合并企业合并前的相关所得税事项由合并企业承继。这些事项包括乙公司尚未确认的资产损失、分期确认收入的处理以及尚未享受期满的税收优惠政策承继处理问题等。

（3）每年可由合并企业弥补的被合并企业亏损的限额=被合并企业净资产公允价值×截至合并业务发生当年年末国家发行的最长期限的国债利率。被合并企业乙公司净资产的公允价值为9 789万元。

（4）被合并企业股东取得合并企业股权的计税基础，以其原持有的被合并企业股权的计税基础确定。被合并企业乙公司的股东A企业取得甲公司12 500万元股权的计税基础，以原持有乙公司股权计税基础4 600万元确定，同时确认商誉2 711万元（12 500－9 789）。

（二）非股权支付纳税

《财政部、国家税务总局关于企业重组业务企业所得税处理若干问题的通知》（财税〔2009〕59号）第六条第（六）项规定，重组交易各方按规定对交易中股权支付暂不确认有关资产的转让所得或损失的，其非股权支付仍应在交易当期确认相应的资产转让所得或损失，并调整相应资产的计税基础。其计算公式为：

非股权支付对应的资产转让所得或损失＝（被转让资产的公允价值－被转让资产的计税基础）×（非股权支付金额÷被转让资产的公允价值）

特殊性税务处理中，股权支付部分不需要视同清算，计算被合并企业清算所得和股东的股权转让所得，但如果有部分非股权支付（15%以内），该非股权支付部分仍要计算相应的资产转让所得或损失。

企业合并实务中，非股权支付部分如何计算相对应资产的转让所得或损失，这里又存在一个疑难问题：是计算被合并企业的资产转让所得，还是计算被合并企业股东置换股权的股权转让所得？就此问题，分析如下：

（1）计算被合并企业的资产转让所得。企业合并一般性税务处理和选择特殊性税务处理的重要区别其实就是被合并企业是否清算的问题，选择了一般性税务处理即要清算，否则不需要清算。特殊性税务处理即不清算，不应该有部分（如15%之内）清算及部分分配或部分（如85%以上）不清算及部分不分配的处理。同理，也不应该有被合并企业部分资产转让的，部分资产不转让的处理。关键点还是要回到合并实务中取得非股权支付所得的实际所有人来分析，即无论是股权支付还是非股权支付，实际获得支付对价的所有人是被合并企业的股东而不是被合并企业。

（2）计算被合并企业股东的股权转让所得。企业合并中的非股权支付是对被合并企业股东的支付，因此，在计算非股权支付支付相应资产转让所得或损失时，不考虑被合并企业清算资产所得或损失，只应计算被合并企业股东的股权转让所得或损失。

关于这一点理解，可以参考董树奎、孙瑞标、陆炜主编的《税收制度与企业会计制度差异分析及协调》（中国财政经济出版社2003年版）一书中关于吸收合并中的相关案例解析（以下文字包括举例摘自书中）：对于取得部分股权部分非股权支付额的股东，如前所述，因为不能将旧股的计税成本分配到取得的非股权资产（特别是货币性资产）上，因此，也应该确认与非股权支付额相对应的股权转让所得或损失。

以上述的资料为例，假设B公司的一个法人股东××持有原公司91 000万股，每股投资成本为5元，在合并中取得P公司的普通股50 555股，另外取得11.2元现金作为分数零头股的补偿。假设P公司每股市价为20元。

股东×取得的全部交换价值为1 011 111.20元（50 555×20+11.2），其所放弃的旧股的计税成本为455 000元（91 000×5），蕴含的增值为556 111.2元。与取得的现金补偿相对应的应确认的所得为6.16元[556 111.2×（11.2÷1 011 111.2）]。

股东×取得的全部50 555股的计税成本为454 994.96元（455 000-11.2+6.16）。

二、特殊性税务处理报备管理

企业发生合并重组业务，企业所得税符合财税〔2009〕59号规定的特殊性重组条件并选择特殊性税务处理的，当事各方应在该重组业务完成当年企业所得税年度申报时，向主管税务机关提交书面备案资料，证明其符合各类特殊性重组规定的条件。企业未按规定书面备案的，一律不得按特殊重组业务进行税务处理。

国家税务总局关于发布《企业重组业务企业所得税管理办法》（国家税务总局公告2010年第4号）的公告规定，企业重组业务，符合税法规定条件并选择特殊性税务处理的，应按照规定进行备案。如企业重组各方需要税务机关确认，可以选择由重组主导方（主导方为被合并企业，涉及同一控制下多家被合并企业的，以净资产最大的一方为主导方）向主管税务机关提出申请，层报省税务机关给予确认。采取申请确认的，主导方和其他当事方不在同一省（自治区、市）的，主导方省税务机关应将确认文件抄送其他当事方所在地省税务机关。省税务机关在收到确认申请时，原则上应在当年度企业所得税汇算清缴前完成确认。特殊情况，需要延长的，应将延长理由告知主导方。

《国家税务总局关于企业重组业务企业所得税征收管理若干问题的公告》（国家税务总局公告2015年第48号）规定，企业重组业务适用特殊性税务处理的，除财税〔2009〕59号文件第四条第（一）项所称企业发生其他法律形式简单改变情形外，重组各方应在该重组业务完成当年，办理企业所得税年度申报时，分别向各自主管税务机关报送《企业重组所得税特殊性税务处理报告表及附表》和申报资料。合并、分立中重组一方涉及注销的，应在尚未办理注销税务登记手续前进行申报。重组主导方申报后，其他当事方向其主管税务机关办理纳税申报。申报时还应附送重组主导方经主管税务机关受理的《企业重组所得税特殊性税务处理报告表及附表》（复印件）。

企业重组业务适用特殊性税务处理的，申报时，应从以下方面逐条说明企业重组具有合理的商业目的：（1）重组交易的方式；（2）重组交易的实质结果；（3）重组各方涉及的税务状况变化；（4）重组各方涉及的财务状况变化；（5）非居民企业参与重组活动的情况。

企业重组业务适用特殊性税务处理的，申报时当事各方还应向主管税务机关提交重组前连续12个月内有无与该重组相关的其他股权、资产交易情况的说明，并说明这些交易与该重组是否构成分步交易，是否作为一项企业重组业务进行处理。若同一项重组业务涉及在连续12个月内分步交易，且跨两个纳税年度，当事各方在首个纳税年度交易完成时预计整个交易符合特殊性税务处理条件，经协商一致选择特殊性税务处理的，可以暂时适用特殊性税务处理，并在当年企业所得税年度申报时提交书面申报资料。在下一纳税年度全部交易完成后，企业应判断是否适用特殊性税务处理。如适用特殊性税务处理的，当事各方应按本公告要求申报相关资料；如适用一般性税务处理的，应调整相应纳税年度的企业所得税年度申报表，计算缴纳企业所得税。

适用特殊性税务处理的企业，在以后年度转让或处置重组资产（股权）时，应在年度纳税申报时对资产（股权）转让所得或损失情况进行专项说明，包括特殊性税务处理时确定的重组资产（股权）计税基础与转让或处置时的计税基础的比对情况，以及递延所得税负债的处理情况等。适用特殊性税务处理的企业，在以后年度转让或处置重组资产（股权）时，主管税务机关应加强评估和检查，将企业特殊性税务处理时确定的重组资产（股权）计税基础与转让或处置时的计税基础及相关的年度纳税申报表比对，发现问题的，应依法进行调整。

上述企业合并选择特殊性税务处理涉及需要税务机关备案、审核、确认的事先管理事项，已经全部被国务院取消，《国务院关于第一批取消62项中央指定地方实施行政审批事项的决定》（国发〔2015〕57号）文件规定取消的第34项即"企业符合特殊性税务处理规定条件的业务的核准"，其涉及的文件依据为《财政部、国家税务总局关于企业重组业务企业所得税处理若干问题的通知》（财税〔2009〕59号）和《企业重组业务企业所得税管理办法》（税务总局公告2010年第4号）。随后，国家税务总局下发关于贯彻落实《国务院关于第一批取消62项中央指定地方实施行政审批事项的决定》（税总发〔2015〕141号）的通知文件，要求各级地方税务机关必须认真贯彻执行国务院决定，全面落实取消中央指定地方税务机关实施的行政审批事项，不得以任何形式保留或者变相审批。要及时修改涉及取消中央指定地方税务机关实施行政审批事项的相关规定、表证单书和征管流程，明确取消审批事项后续管理要求。同时，要进一步深入推进简政放权、放管结合、优化服务，加快职能转变，创新管理方式，不断提高税收管理科学化、规范化、法治化水平。因此，审核事项取消后，企业合并选择特殊性税务处理的，需要积极与当地税务机关沟通，按照税务机关要求，保存好上述相关资料，留存备查。

第六节　母子公司之间的合并处理

母子公司之间的合并包括母公司合并子公司和子公司合并母公司两种处理。这两种特殊关系的合并，企业所得税能否适用特殊性税务处理，现行税收政策依据并不是十分明确，但根据目前各地税务机关征收管理的现实情况来看，大部分税务机关基本都是认可特殊性税务处理的。

一、母公司合并子公司处理

（一）一般性税务处理

母公司吸收合并子公司的企业所得税一般性税务处理容易理解，税收处理也较为简单，先对子公司进行注销清算，缴纳企业所得税，然后，母公司按清算后收回资产的公允价值作为接受资产的计税基础，同时按此价值作为收回投资处理。

【举例1】甲公司为乙公司的母公司，甲公司合并乙公司。甲公司对乙公司100%控股，其投资乙公司股权的计税基础为4 600万元，被合并时账面净资产为6 670万元（计税基础与会计账面价值相同，其中税后留存收益为2 070万元），评估公允价值9 789万元（债权债务无评估变化）。

分析：甲公司合并乙公司，按照一般的交易规则，甲公司应该支付对价给乙公司的股东，而乙公司的股东是甲公司自己，无法支付也就不需要支付对价。按照企业所得税重组政策规定，如当事各方选择一般性税务处理，无弥补亏损。处理如下：

（1）乙公司清算所得：9 789−6 670=3 119（万元）

（2）乙公司清算所得税：3 119×25%=779.75（万元）

（3）乙公司税后留存：2 070+（3 119−779.75）=4 409.25（万元）

（4）甲公司收回清算剩余资产：9 789−779.75=9 009.25（万元）

（5）甲公司清算所得：9 009.25−4 600−4 409.25=0

在企业所得税一般性税务处理中，作为母公司的甲公司应按照子公司即乙公司全部净资产公允价值接受资产，并以此作为计税基础。但由于清算缴纳企业所得税779.75万元的原因，实际接收的资产价值为税后的全部资产公允价值9 009.25万元。

（二）特殊性税务处理

母公司吸收合并子公司的特殊性税务处理中，因子公司注销不清算，其全部净资产由母公司收回，相当于母公司撤回全部投资，所以，母公司应按收回投资处理。

《国家税务总局关于企业所得税若干问题的公告》（国家税务总局公告2011年第34号）第五条关于"投资企业撤回或减少投资的税务处理"规定，投资企业从被投资企业撤回或减少投资，其取得的资产中，相当于初始出资的部分，应确认为投资收回；相当于被投资企业累计未分配利润和累计盈余公积按减少实收资本比例计算的部分，应确认为股息所得；其余部分确认为投资资产转让所得。按此项政策规定，计算顺序是先减投资成本，再减税后留存。如收回投资金额不足以减投资成本，不足部分则视为投资损失。

【举例2】甲公司为乙公司的母公司，甲公司合并乙公司。甲公司对乙公司100%控股，其投资乙公司股权的计税基础为4 600万元，被合并时账面净资产为6 670万元（计税基础与会计账面价值相同，其中税后留存收益为2 070万元），评估公允价值9 789万元（债权债务无评估变化）。

分析：甲公司合并乙公司，按照一般的交易规则，甲公司应该支付对价给乙公司的股东，而乙公司的股东是甲公司自己，无法支付也就不需要支付对价。按照企业所得税重组政策规定，如当事各方选择特殊性税务处理，处理如下：

（1）乙公司不计算清算所得，不缴纳企业所得税。

（2）乙公司税后留存仍为2 070万元。

（3）甲公司收回全部净资产6 670万元，计税基础为6 670万元。

（4）甲公司收回投资所得：6 670-4 600-2 070=0

（三）收购股权后合并处理

【举例3】甲公司为乙公司的母公司，甲公司对乙公司100%控股，其投资乙公司股权的计税基础为4 600万元。20×7年1月，丙公司12 500万元收购甲公司持有乙公司100%股权，成为乙公司股东。20×9年1月，丙公司吸收合并子公司乙公司，乙公司被合并时账面净资产为6 670万元（计税基础与会计账面价值相同，其中税后留存收益为2 070万元），评估公允价值9 789万元（债权债务无评估变化）。

1. 一般性税务处理

丙公司合并乙公司，按照一般的交易规则，丙公司应该支付对价给乙公司的股东，而乙公司的股东是丙公司自己，无法支付也就不需要支付对价。按照企业所得税重组政策规定，如当事各方选择按一般性税务处理，无弥补亏损。处理如下：

（1）乙公司清算所得：9 789-6 670=3 119（万元）

（2）乙公司清算所得税：3 119×25%=779.75（万元）

（3）乙公司税后留存：2 070+（3 119-779.75）=4 409.25（万元）

（4）丙公司收回清算剩余资产：9 789-779.75=9 009.25（万元）

（5）丙公司清算所得：9 009.25-12 500=-3 490.75（万元）

母子公司合并一般性税务处理，丙公司收回清算后剩余资产9 009.25万元小于投资成本12 500万元，形成投资损失3 490.75万元，可以按规定税前扣除。

2. 特殊性税务处理

按照企业所得税重组政策规定，如当事各方选择按特殊性税务处理，处理如下：

（1）乙公司不计算清算所得，不缴纳企业所得税。

（2）乙公司税后留存仍为2 070万元。

（3）丙公司收回全部净资产6 670万元，计税基础为6 670万元。

（4）丙公司收回投资所得：6 670-12 500=-5 830（万元）

母子公司合并特殊性税务处理，丙公司收回投资资产6 670万元小于投资成本12 500万元，形成投资损失5 830万元，可以按规定税前扣除。

二、子公司合并母公司处理

实务中，子公司吸收合并母公司的案例并不多，下面参看一个子公司吸收合并母公司实务案例。

【子公司吸收合并自然人持股的母公司适用特殊性税务处理】

（姜新录根据相关材料整理）

2020年9月10日晚间，青岛中加特电气股份有限公司在《发行人及保荐机构回复意见（二）》中披露，2019年7月其吸收合并母公司并适用了特殊性税务处理事宜。

吸收合并前，D先生持有天信传动100%股权，天信传动是中加特的唯一股东。吸收合并后，D先生直接持有中加特100%股权。吸收合并前后，D先生直接或间接均持有中加特100%股权。中加特对天信传动进行吸收合并，中加特作为合并后的存续主体，承继天信传动的所有资产、负债及人员，天信传动办理注销手续。

根据财税〔2009〕59号《财政部、国家税务总局关于企业重组业务企业所得税处理若干问题的通知》（以下简称"59号文"）的相关规定"六、企业重组符合本通知第五条规定条件的，交易各方对其交易中的股权支付部分，可以按以下规定进行特殊性税务处理：……（四）企业合并，企业股东在该企业合并发生时取得的股权支付金额不低于其交易支付总额的85%，以及同一控制下且不需要支付对价的企业合并，可以选择按以下规定处理：……"

基于上述，为了适用于"59号文"中关于特殊性税务处理的要求进行税务筹划，此次中加特吸收合并天信传动系同一控制下合并，合并方与被合并方均为D先生100%持股的公司，属于同一控制下且不需要支付对价的企业合并，因此，吸收合并对价为零，符合通常的做法。

吸收合并天信传动前后，公司均受D先生控制，且控制并非暂时的，公司对吸收合并天信传动按照同一控制下企业合并进行会计处理符合企业会计准则相关规定，会计核算准确。

经核查，申报会计师认为吸收天信传动对价为零，上述交易定价依据合理，交易过程中无交易费用发生，会计核算准确。

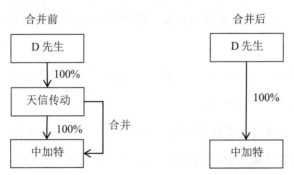

同母公司吸收合并子公司一样，如果子公司吸收合并母公司的企业所得税一般性税务处，先对母公司进行注销清算，缴纳企业所得税，然后，子公司按清算后收回全部资产的公允价值作为接收资产的计税基础。其中，子公司收回母公司清算后的资产中包含母公

司对自己的投资股票，也就是说，子公司会拥有自己的股票。

按照公司法规定，公司吸收合并后如持有自己的股票应当在六个月之内转让或者注销。对于转让的处理可以按计税基础计算转让所得或损失，但对于注销本公司自己的股票，如何计算所得或损失呢？这是子公司吸收母公司需要面对的一个较为复杂的问题。

（一）一般性税务处理

【举例1】甲公司为乙公司的母公司，甲公司对乙公司100%控股，甲公司20×5年投资乙公司股权的计税成本为4 600万元，20×9年该项股权投资的公允价值为12 500万元。甲公司除这项股权投资资产外，还有其他净资产5 000万元（账面价值4 000万元）。

20×9年乙公司合并甲公司，乙公司合并时账面净资产为6 670万元（计税基础与会计账面价值相同，其中实收资本4 600万元，税后留存收益为2 070万元），全部净资产评估公允价值9 789万元。

分析：乙公司合并母公司即甲公司，按照一般的交易规则，乙公司应该支付对价给甲公司的股东，计算对价金额时应以甲公司股东持有甲公司股票的公允价值为基础确定。按照企业所得税重组政策规定，如当事各方选择一般性税务处理，无弥补亏损。处理如下：

（1）甲公司应清算处理。清算所得：（12 500-4 600）+（5 000-4 000）=8 900（万元）

（2）甲公司清算所得税：8 900×25%=2 225（万元）

（3）计算甲公司股东清算所得。清算收入金额为实际取得的合并对价，依次减投资成本，减税后留存，多余部分为转让所得，按规定征免税。甲公司股东取得乙公司股权的计税成本为实际取得的合并对价。

（4）乙公司接收甲公司资产：本公司股票12 500万元，其他资产2 775万元（5 000-2 225），与支付对价的差额部分，税务上可按规定确认商誉。

（5）如乙公司六个月之内转让本公司股票，该股票的计税成本为12 500万元，按12 500万元计税成本计算转让所得或损失。

如注销本公司股票，我们可以假设持有方如不是本公司而是其他第三方，第三方注销时实际收回投资的对应税前净资产为9 789万元，应纳企业所得税为779.75万元[（9 789-6 670）×25%]，税后净资产为9 009.25万元。因合并方乙公司并未实际清算纳税，应确认损失2 711万元（9 789-12 500）。第三方持股注销确认的损失，本公司注销自己的股权在税收上也应照此处理。因此，乙公司税务上应确认损失2 711万元，该项损失可按规定税前扣除。

参考现行会计制度规定，公司与持有本公司股份的其他公司合并而导致的股份回购，参与合并各方在合并前及合并后如均属于同一股东最终控制的，库存股成本按参与合并的其他公司持有本公司股份的相关投资账面价值确认。如不属于同一股东最终控制的，库存股按参与合并的其他公司持有本公司股份的相关投资公允价值确认。上述情形回购股份的，应当在六个月内转让或者注销。因合并选择一般性税务处理的，被合并方全部资产必须按照公允价值（一般为评估价值）清算并交纳企业所得税，所以，无论是同一控制还是非同一控下的合并，税务上对合并方接收被合并方的"库存股"及其他各项资产都应该按公允价值确认计税基础。

（二）特殊性税务处理

【举例2】甲公司为乙公司的母公司，甲公司对乙公司100%控股，甲公司20×5年投资乙公司股权的计税成本为4 600万元，20×9年该项股权投资的公允价值为12 500万元。甲公司除这项股权投资资产外，还有其他净资产5 000万元（账面价值4 000万元）。

20×9年乙公司合并甲公司，乙公司合并时账面净资产为6 670万元（计税基础与会计账面价值相同，其中实收资本4 600万元，税后留存收益为2 070万元），全部净资产评估公允价值9 789万元。

分析：乙公司合并母公司即甲公司，按照一般的交易规则，乙公司应该支付对价给甲公司的股东，计算对价金额应以甲公司股东持有甲公司股票的公允价值为基础确定。按照企业所得税重组政策规定，如当事各方选择特殊性税务处理，处理如下：

（1）甲公司不需清算处理，无清算所得税。

（2）甲公司股东（如为法人）取得乙公司股权计税成本为甲公司股东对甲公司的投资成本。甲公司股东如为自然人股东，需按股权置换（个人非货币性资产投资）处理，依据及理由如前所述。

（3）乙公司接原计税基础接收甲公司资产：本公司股票4 600万元（公允价值12 500万元），其他资产4 000万元（公允价值5 000万元）。需要强调的是，特殊性税务处理也要按规定确认商誉。

（4）如乙公司六个月之内转让本公司股票，该股票的计税成本为4 600万元，按4 600万元计税成本计算转让所得或损失。如注销本公司股票，与原投资对应净资产6 670万元相比较，没有资产损失，税后留存部分也无需再确认所得。

第七节　企业合并的税收规划

企业合并后，按照公司法及相关法律法规规定，合并各方的债权、债务，应当由合并后存续的公司或者新设的公司承继。根据现行税收政策规定，企业合并涉及的资产转移过户可以享受许多优惠政策，因此，企业合并在税收运用规划方面的意义很大。

一、合并子公司变为分公司可实现盈亏相抵

企业所得税实行法人所得税制，即以法人单位为企业所得税纳税人，非法人单位企业所得税汇总至法人单位统一计算纳税。因此，对于关联企业之间存在盈亏情况的，盈利企业要纳税，亏损企业不纳税，但盈亏不能相互抵补。特别是母公司设立多个子公司，且子公司之间存在盈亏的，母公司适当的将子公司合并，并将子公司改为分公司，在不影响母子公司经营的情况下，可以实现公司之间盈亏相互抵补，从而减少应纳税所得额，少缴企业所得税。

二、亏损企业合并盈利企业

按照企业所得税法规定，盈利企业合并亏损企业，亏损企业在规定年限之内的亏损可以结转至合并后的企业，由合并后企业实现的利润按规定弥补。

《财政部、国家税务总局关于企业重组业务企业所得税处理若干问题的通知》（财税〔2009〕59号）规定，每年可由合并企业弥补的被合并企业亏损的限额=被合并企业净资产公允价值×截至合并业务发生当年年末国家发行的最长期限的国债利率。

如甲公司采取增资扩股方式合并乙公司，乙公司净资产公允价值为2 000万元，企业5年之内符合税法规定待弥补的亏损金额达900万元。如合并当年末最长期限国债利率为5%。合并后企业5年之内可以实现所得3 000万元，则5年中可累计弥补亏损金额为：2 000×5%×5=500（万元），尚有400万元亏损得不到弥补。

为了解决这一问题，企业在充分考虑各种利害因素的情况下，可以实行反向兼并，由亏损企业兼并盈利企业，合并后的企业自然可以弥补自己企业以前年度的在税法规定年限范围内的亏损。上例中，如果乙公司合并甲公司，则合并后乙公司5年之内实现的3 000

万元利润，可以使本企业900万元亏损得到全部弥补。

三、一般性税务处理和特殊性税务处理选择

由于一般性税务处理被合并企业要注销清算，合并企业可以按公允价值接受被合并企业资产。因此，对于资产评估增值的被合并企业，选择一般性税务处理，合并企业可以按评估增值后的价值作为资产的计税基础，处置这部分资产时，可以按增值后的金额抵扣应纳税所得额，少缴税收。相反，合并资产减值企业可选择特殊性税务处理。

如甲公司业合并乙公司，乙公司账面净资产为5 000万元，公允价8 000万元。选择一般性税务处理方式，甲公司接受乙公司资产计税基础为8 000万元，将来处置这部分资产时，可抵减企业所得税2 000万元（8 000×25%）。如选择特殊性税务处理方式，甲公司接受乙公司资产计税基础为其账面价值计税基础5 000万元，将来处置这部分资产时，可抵减企业所得税1 250万元（5 000×25%）。但对于被合并方乙公司来说，选择一般性税务处理要确认资产转让所得3 000万元，该部分需缴纳企业所得税750万元（3 000×25%），而选择特殊性税务处理，则当期可以不确认资产转让所得，暂时不纳税。当然，在许多合并实务中，被合并方需要缴纳的税收还是由合并后的公司承继，这也是需要考虑的问题。

企业合并业务中，如果合并双方有一方或双方存在享受税收优惠政策，或者存在待弥补亏损的情况下，应该结合优惠政策和亏损弥补政策具体分析后选择。

四、特殊性合并税收优惠可延续

企业合并按一般性税务处理时，只有存续企业可以继续享受剩

余期限的优惠，但优惠金额受限，按存续企业合并前一年的应纳税所得额（亏损计为零）计算。被合并企业注销后，其优惠政策不能延续。企业在合并时可以考虑这个因素，在条件允许的情况下，由享受优惠政策企业合并非享受优惠政策企业，或享受完优惠政策后再合并。

企业合并按特殊性税务处理时，被合并企业也可以有条件的延续享受税收优惠。凡属于企业整体享受税收优惠过渡政策的，合并后的企业性质及适用税收优惠条件未发生改变的，可以继续享受合并前各企业剩余期限的税收优惠。合并前各企业剩余的税收优惠年限不一致的，合并后企业每年度的应纳税所得额，应统一按合并日各合并前企业资产占合并后企业总资产的比例进行划分，再分别按相应的剩余优惠计算应纳税额。合并前各企业按照税收优惠规定以及税收优惠过渡政策中就有关生产经营项目所得享受的税收优惠承继处理问题，按照《企业所得税法实施条例》第八十九条规定执行。考虑这个因素时，企业条件许可情况下，尽量选择特殊性税务处理，这样，被合并企业的优惠政策也可以延续至合并企业，按资产比例分享优惠。

五、合并可以享受其他税收优惠

企业合并中，除企业所得税可以选择特殊性税务处理暂不纳税外，根据国家税务总局2011年公告第13号、国家税务总局公告2013年第66号和财税〔2016〕36号文件规定，被合并企业将货物、土地使用权和不动产转移至合并企业的，不征收增值税。

《财政部、国家税务总局关于明确无偿转让股票等增值税政策的公告》（财政部、国家税务总局公告2020年第40号）第一条规定，纳税人无偿转让股票时，转出方以该股票的买入价为卖出价，按照"金融商品转让"计算缴纳增值税。

根据财税〔2018〕57号文件规定，除合并各方有一方是房地产企业外，被合并企业将土地使用权和不动产转移至合并企业的，不征收土地增值税。

根据财税〔2018〕17号文件规定，被合并企业将土地使用权和不动产转移至合并企业的，免征契税。

根据财税〔2015〕41号规定，被合并企业的个人股东采取股权置换成为合并企业股东的，其股权转让所得可以选择递延五年纳税。

根据财税〔2003〕183号规定，经政府有关部门或企业主管部门批准的改制重组企业，可以免征重组环节涉及的部分印花税。

六、注销分公司可按合并政策处理

按照公司法规定，分公司虽是非法人分支机构，但也拥有自己相对独立的业务以及相应的资产、债权、债务和人员。

税收征收管理中，分公司在企业所得税处理上既可以与总公司合并纳税，也可以单独纳税。国家税务总局关于印发《跨地区经营汇总纳税企业所得税征收管理办法》（国家税务总局公告2012年第57号）的公告第二十三条规定，以总机构名义进行生产经营的非法人分支机构，无法提供汇总纳税企业分支机构所得税分配表，应在预缴申报期内向其所在地主管税务机关报送非法人营业执照（或登记证书）的复印件、由总机构出具的二级及以下分支机构的有效证明和支持有效证明的相关材料（包括总机构拨款证明、总分机构协议或合同、公司章程、管理制度等），证明其二级及以下分支机构身份。二级及以下分支机构所在地主管税务机关应对二级及以下分支机构进行审核鉴定，对应按本办法规定就地分摊缴纳企业所得税的二级分支机构，应督促其及时就地缴纳企业所得税。第二十四条同时规定，以总机构名义进行生产经营的非法人分支机构，无法提供汇总纳税企业分支机构所得税分配表，也无法提供本办法第二十三条规定相关证据证明其二级及以下分支机构身份的，应视同独立纳税人计算并就地缴纳企业所得税，不执行本办法的相关规定。按上述规定视同独立纳税人的分支机构，其独立纳税人身份一个年度内不得变更。

在增值税税收征管中，分公司有单独的非法人营业执照，单独办理税务登记，一般也是单独领取发票，独立申报缴纳增值税的，经税务机关审核认可的情况下，也可汇总纳税。无论汇总纳税还是单独纳税，总公司注销分公司后，分公司的全部业务包括资产、债权、债务和劳动力都是由总公司接收并承担，因此，在税收处理上与企业合并情形是一致的，都可以享受合并相应的各税种的优惠政策。

第六章

企业分立的财税规划

企业资产重组通常有两个方向：一是使企业资产扩张，主要是通过收购合并方式。另一个是企业资产的收缩，主要是通过企业分立的方式剥离企业的资产。企业重组改制中，采取分立的方式也不少，如分拆上市融资、分拆享受高新技术企业优惠政策、分立后收购股权或组成企业集团等，企业分立后，通常是分离部分或全部资产为股东换取新企业的股权。本章主要介绍企业分立资产是否有增值，增值部分是否纳税，如何将资产置换成新企业的股权，以及分立重组的税收优惠政策。

第一节 企业分立的形式

一、企业分立的类型

《中华人民共和国公司法》规定，公司分立，其财产作相应的分割。公司分立，应当编制资产负债表及财产清单。公司应当自作出分立决议之日起十日内通知债权人，并于三十日内在报纸上公告。公司分立前的债务由分立后的公司承担连带责任。但是，公司在分立前与债权人就债务清偿达成的书面协议另有约定的除外。

公司分立一般需要办理减资手续，公司需要减少注册资本时，必须编制资产负债表及财产清单。公司应当自作出减少注册资本决议之日起十日内通知债权人，并于三十日内在报纸上公告。债权人自接到通知书之日起三十日内，未接到通知书的自公告之日起四十五日内，有权要求公司清偿债务或者提供相应的担保。

公司合并或者分立，登记事项发生变更的，应当依法向公司登记机关办理变更登记；公司解散的，应当依法办理公司注销登记；设立新公司的，应当依法办理公司设立登记。公司增加或者减少注册资本，应当依法向公司登记机关办理变更登记。

企业分立有两种基本类型，包含三种技术方式，即存续分立（让产分股式分立、让产赎股式分立）和新设分立（股本分割式分立）。

让产分股式分立（存续分立）是指将公司的没有法人资格的部分营业分立出去成立新的公司或转让给现存的公司，将接受资产的新公司的股份分配给全部股东。

让产赎股式分立（存续分立）是指将公司没有法人资格的部分营业或分支机构分立出去成立新的公司或现存的公司，将接受资产的新公司的股票分配给部分股东，换回原公司的股票。

股本分割式分立（新设分立）是指将公司分割组成两家以上新的公司，原公司解散。

股本分割可分为两种典型的做法。一种是被分立企业的全部股东按原持股比例均衡的同时取得全部分立企业的股票，原持有的被分立企业的股票依法注销，被分立企业依公司法规定只解散不清算。另一种分立是被分立企业的一个股东集团取得部分分立企业的股票，其他股东集团取得另外的分立企业的股票，全部股东都放弃原持有的被分立企业的股票。同样，被分立企业依公司法的规定只解散不清算，其股票依法注销。

目前，我国企业分立实务中，较为普遍的分立方式是存续分立。

以下为一则公司分立的公告案例：

【案例一】常林股份有限公司关于控股子公司分立的公告

为促进公司新能源板块业务的发展，缩短管理链条，提高运营效率，常林股份有限公司（以下简称"公司"）第八届董事会第四次会议审议通过了《关于控股子公司江苏苏美达五金工具有限公司分立的议案》，同意将江苏苏美达五金工具有限公司（以下简称"五金公司"）分立为两家公司，相关情况如下：

（一）五金公司及承接主体基本情况

五金公司成立于1997年12月，是公司全资子公司江苏苏美达集团有限公司（以下简称"苏美达集团"）的核心控股子公司，五金公司注册资本9 000万元，法定代表人、住所、经营范围等基本情况（略）。

截至2016年9月30日，五金公司总资产约125.45亿元，总负债约122.01亿元，净资产约3.44亿。近年来主要财务指标请参见下表（略），股权情况：五金公司股权结构为：苏美达集团占股35%，苏美达集团工会占股65%。

新能源板块是苏美达集团着力培育和打造的战略性新兴产业之一。目前的经营主体为辉伦公司。辉伦公司成立于2008年6月，现注册资本15 162.14万元。辉伦公司注册地、法定代表人、经营范围和基本情况等（略）。

（二）分立的必要性

当前，新能源产业面临难得的发展机遇。然而，伴随内外部环境变化，苏美达集团新能源板块发展尚存在一些制约因素：一是管理层级较长，且没有整合形成独立运作平台，在一定程度上影响了业务发展的灵活性；二是新能源板块和原有五金板块在发展战略、体制机制、管理模式及企业文化上有一定差异，融合效应不显著；三是新能源板块属典型的资本密集型业务，需加紧形成独立平台，并对接资本市场；四是管理团队的激励与约束机制有待进一步改造升级。鉴于此，苏美达集团提出了新能源板块业务与资产整合、分立方案。采用公司分立方式，推动新能源业务管理层次压缩、平台打造以及管理体制优化。

（三）分立方案

1. 分立方式。采用存续分立方式，将五金公司分立为两家公司，按照资产随业务走的原则，原五金公司继续存在，承接园林机械、动力工具等业务和资产。分立出来的公司命名为江苏苏美达能源科技有限公司（以下简称："新公司"或"能源科技公司"，以工商核准为准），承接新能源业务和资产。

2. 分立架构。五金公司原股东，即苏美达集团（35%）和苏美达集团工会（65%），在原五金公司、新公司的股权比例不变。

3. 财产分割及人员安置。分立期间债务由原公司和分立后新成立的公司承担连带责任。对资产做相应分割，由中介机构做审计和评估，编制资产负债表及财产清单。五金公司与能源科技公司根据评估报告结果对注册资本进行安排。审计基准日为2016年12月31日。

分立完成后，五金公司和能源科技公司分别承接其板块所属业务，以及与其业务相关的资产、负债、人员。

4. 最终公司的基本情况计划。分立后（自工商登记变更之日起）经过12月的间隔期，将以辉伦公司为主体，反向吸收合并新公司，并更名为江苏苏美达能源控股有限公司（以下简称"能源控股公司"）。能源控股公司即成为苏美达集团新能源业务和资产的经营主体，拥有自主电池片及组件生产、研发、海内外销售、海内外电站的开发、EPC与运营、电站资产管理与运维，形成较为完整的产业价值链。

（四）本次分立对本公司的影响

通过此次分立，有利于公司新能源板块业务的发展，有利于缩短公司管理层级，也有利于五金公司工具板块和新能源板块的健康发展。本次五金公司分立，不会对本公司的合并报表产生影响。本公司董事会授权经营层组织办理五金公司分立相关事宜。

特此公告。

常林股份有限公司董事会

2017年1月20日

按照上例，假设江苏苏美达五金工具有限公司存续分立为两家公司，分立后两家公司分别为江苏苏美达五金工具有限公司（简称"五金公司"）和江苏苏美达能源科技有限公司（简称"能源公司"）。股东为分别苏美达集团占股35%，苏美达集团工会占股65%。五金公司分立前注册资本和实收资本均为15 000万元，净资产为30 000万元，能源公司分出净资产10 000万元，占三分之一。分立示意图如下：

分立前：

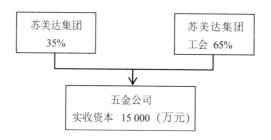

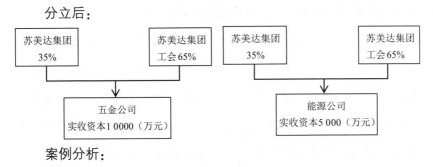

分立后：

案例分析：

（1）五金公司分立前是一家公司，分立后成了两家公司。五金公司需要在市场监管部门办理减资分立手续，能源公司办理新设立公司手续。两家公司注册资本和实收资本一般按分离净资产比例划分，分别为10 000万元和5 000万元，合计等于原来五金公司的注册资本15 000万元。

（2）分立后的两家公司股东相同，且持股比例与原五金公司一样，分别为苏美达集团持股35%和苏美达集团工会持股65%，五金公司和能源公司均为独立的法人单位，为兄弟公司，非母子公司。

（3）五金公司对应的净资产为20 000万元，能源公司对应的净资产为10 000万元，合计等于原五金公司的净资产30 000万元，暂可理解为五金公司三分之一的注册资本和相应的净资产平移划转给能源公司。

二、企业分立税收定义

企业分立在税收方面的定义，主要体现在企业所得税政策中，其他税收，如增值税、契税和土地增值税尚未有明确的定义。

《财政部、国家税务总局关于企业重组业务企业所得税处理若干问题的通知》（财税〔2009〕59号）规定，分立，是指一家企业（以下称为"被分立企业"）将部分或全部资产分离转让给现存或新设的企业（以下称为"分立企业"），被分立企业股东换取分立企业的股权或非股权支付，实现企业的依法分立。

股权支付，是指企业重组中购买、换取资产的一方支付的对价中，以本企业或其控股企业的股权、股份作为支付的形式。非股权支付，是指以本企业的现金、银行存款、应收款项、本企业或其控股企业股权和股份以外的有价证券、存货、固定资产、其他资产以及承担债务等作为支付的形式。控股企业，是指由本企业直接持有股份的企业。

三、分立的会计处理

分立后的存续企业，因注册资本实收资本减少，办理的是减资手续，会计上应按股东收回部分投资处理，相当于以其部分净资产（划走的资产、债权债务）支付股东的股本、税后留存分配，按照以非货币资产减资的方式处理。账务处理为，借记"实收资本""利润分配"等权益类科目，贷记各项划转出的"资产类"（减少资产、应收款项类形式）、"负债类"（减少负债类形式）等相关科目。

分立后的新设企业，是从被分立企业中派生出来，在市场监管部门办理登记时按新设公司处理的，是一个新设立的会计主体。新公司接受投资方以资产、负债出资的会计处理，与一般企业接受出资的会计处理相同。账务处理为，借记各项划转入的"资产类"（增加资产、应收款项类形式）、"负债类"（增加负债类形式）等相关科目，贷记"实收资本""资本公积"等权益类科目。没有增加新股东的新设企业，一般按接收净资产原账面价值进行会计核算处理，增加了新股东的，一般按公允价值进行会计核算。

第二节 企业分立的税收处理

分立在税收上的实质，是被分立企业将自己的一部分净资产转移至另一家企业（新设企业或存续企业），这部分分离出去的资产其所有权属发生了转移。因此，该部分资产主要应涉及增值税、土地增值税、企业所得税、印花税和接收方的契税等主要税种。税收政策上对企业分立重组有较多的税收优惠政策。

一、增值税

目前，税收上对企业分立涉及资产（包括货物、土地使用权和不动产）的转移行为，实行的政策是不征收增值税。主要有以下几个政策规定：

1. 《国家税务总局关于纳税人资产重组有关增值税问题的公告》（国家税务总局公告2011年第13号）就纳税人资产重组有关增值税问题公告如下：纳税人在资产重组过程中，通过合并、分立、出售、置换等方式，将全部或者部分实物资产以及与其相关联的债权、负债和劳动力一并转让给其他单位和个人，不属于增值税的征税范围，其中涉及的货物转让，不征收增值税。公告自2011年3月1日起执行。此前未作处理的，按照本公告的规定执行。

2. 《国家税务总局关于纳税人资产重组有关增值税问题的公告》（国家税务总局公告2013年第66号）就纳税人资产重组有关增值税问题公告如下：纳税人在资产重组过程中，通过合并、分立、出售、置换等方式，将全部或者部分实物资产以及与其相关联的债权、负债经多次转让后，最终的受让方与劳动力接收方为同一单位和个人的，仍适用《国家税务总局关于纳税人资产重组有关增值税问题的公告》（国家税务总局公告2011年第13号公告）的相关规定，其中货物的多次转让行为均不征收增值税。资产的出让方需将资产重组方案等文件资料报其主管税务机关。本公告自2013年12月1日起施行。

公告解读中认为，一些纳税人在进行资产重组时，将全部或者部分实物资产以及与其相关联的债权、负债通过多次转让，但最终的受让方与劳动力接收方为同一单位和个人，这种转让方式虽然不是一次性转让资产、负债和劳动力，但最终结果是实现了全部或部分实物资产以及与其相关联的债权、负债和劳动力全部转让给了同一单位和个人，应视为"一并转让"，对其中涉及的货物多次转让行为均不应征收增值税。

3.《营业税改征增值税试点有关事项的规定》（财税〔2016〕36号附件2）规定，在资产重组过程中，通过合并、分立、出售、置换等方式，将全部或者部分实物资产以及与其相关联的债权、负债和劳动力一并转让给其他单位和个人，其中涉及的不动产、土地使用权转让行为，不征收增值税。

上述三个政策文件对企业分立中，被分立企业将自己的货物、不动产和土地使用权转移至新设分立企业中的，由于涉及相关债权、债务和劳动力一并转让，所以不征收增值税，开不征税发票即可。但是，对于分立中涉及企业无形资产转移的，政策没有相应的不征税或免税的政策，因而，企业分立中涉及无形资产所有权发生转移的，应该按规定缴纳增值税。

被分立企业分离出去的资产中含有无形资产的，在增值税征管中存在有两种可能：一是被分立企业分立资产组成新公司，新公司归属于股东，股东获得对价，被分立企业未作分配决定后减资处理，也没有取得对价，属于无偿转移无形资产行为。按照现行增值税政策规定，要视同销售无形资产缴纳增值税。二是被分立企业分离资产视为用于抵偿股东收回的投资、利润分配的有偿行为，要按规定缴纳增值税。但企业分立出去净资产的公允价值有时远远大于减资的金额，超过减资的这部分金额对于被分立企业而言是无偿的，这部分也要按视同销售缴纳增值税。

如果分立出去的资产中含有股票金融商品，有偿转移还是无偿转移在增值税的征管中，就是征税和不征税的区别了。《财政部、国家税务总局关于明确无偿转让股票等增值税政策的公告》（财政部、税务总局公告2020年第40号）规定，纳税人无偿转让股票时，转出方以该股票的买入价为卖出价，按照"金融商品转让"计算缴纳增值税；在转入方将上述股票再转让时，以原转出方的卖出价为买入价，按照"金融商品转让"计算缴纳增值税。

企业分立中，如果被分立企业有尚未抵扣完的进行税额，如何处理呢？《国家税务总局关于纳税人资产重组增值税留抵税额处理有关问题的公告》（国家税务总局公告2012年第55号）就纳税人资产重组中增值税留抵税额处理有关问题公告如下：

（1）增值税一般纳税人（以下称"原纳税人"）在资产重组过程中，将全部资产、负债和劳动力一并转让给其他增值税一般纳税人（以下称"新纳税人"），并按程序办理注销税务登记的，其在办理注销登记前尚未抵扣的进项税额可结转至新纳税人处继续抵扣。

（2）原纳税人主管税务机关应认真核查纳税人资产重组相关资料，核实原纳税人在办理注销税务登记前尚未抵扣的进项税额，填写《增值税一般纳税人资产重组进项留抵税额转移单》（见附件）。《增值税一般纳税人资产重组进项留抵税额转移单》一式三份，原纳税人主管税务机关留存一份，交纳税人一份，传递新纳税人主管税务机关一份。

（3）新纳税人主管税务机关应将原纳税人主管税务机关传递来的《增值税一般纳税人资产重组进项留抵税额转移单》与纳税人报送资料进行认真核对，对原纳税人尚未抵扣的进项税额，在确认无误后，允许新纳税人继续申报抵扣。

根据上述政策分析，如果是新设分立或分立出去的业务相应的资产是一个独立缴纳增值税的分公司，其进项税额可以按照国家税务总局公告2012年第55号规定办理进项税额转移手续，由新设公司按规定抵扣。如果分离出的业务资产不属于单独缴纳增值税的纳税主体，则要按照视同销售缴纳增值税，新设公司可凭增值税专用发票按规定抵扣。

二、契税

《财政部、国家税务总局关于继续支持企业事业单位改制重组有关契税政策的通知》（财税〔2018〕17号）第三条规定，公司依照法律规定、合同约定分立为两个或两个以上与原公司投资主体相同的公司，对分立后公司承受原公司土地、房屋权属，免征契税。投资主体相同，是指公司分立前后出资人不发生变动，出资人的出资比例可以发生变动。

该通知自2018年1月1日起至2020年12月31日执行。由于本政策是持续接力文件，2021年1月1日后，可关注后续文件。

三、土地增值税

《财政部、国家税务总局关于继续实施企业改制重组有关土地增值税政策的通知》（财税〔2018〕57号）第三条规定，按照法律规定或者合同约定，企业分设为两个或两个以上与原企业投资主体相同的企业，对原企业将房地产转移、变更到分立后的企业，暂不征土地增值税。但上述改制重组有关土地增值税政策不适用于房地产转移任意一方为房地产开发企业的情形。

企业改制重组后，再转让国有土地使用权并申报缴纳土地增值税时，应以改制前取得该宗国有土地使用权所支付的地价款和按国家统一规定缴纳的有关费用，作为该企业"取得土地使用权所支付的金额"扣除。企业在改制重组过程中经省级以上（含省级）国土管理部门批准，国家以国有土地使用权作价出资入股的，再转让该宗国有土地使用权并申报缴纳土地增值税时，应以该宗土地作价入股时省级以上（含省级）国土管理部门批准的评估价格，作为该企业"取得土地使用权所支付的金额"扣除。办理纳税申报时，企业应提供该宗土地作价入股时省级以上（含省级）国土管理部门的批准文件和批准的评估价格，不能提供批准文件和批准的评估价格的，不得扣除。

文件明确，企业在申请享受上述土地增值税优惠政策时，应向主管税务机关提交房地产转移双方营业执照、改制重组协议或等效文件、相关房地产权属和价值证明、转让方改制重组前取得土地使用权所支付地价款的凭据（复印件）等书面材料。

通知所称不改变原企业投资主体、投资主体相同，是指企业改制重组前后出资人不发生变动，出资人的出资比例可以发生变动；投资主体存续，是指原企业出资人必须存在于改制重组后的企业，出资人的出资比例可以发生变动。

该项政策执行期限为2018年1月1日至2020年12月31日。由于本政策是持续接力文件，2021年1月1日后，可关注后续文件。

四、印花税

《财政部、国家税务总局关于企业改制过程中有关印花税政策的通知》（财税〔2003〕183号）规定，为贯彻落实国务院关于支持企业改制的指示精神，规范企业改制过程中有关税收政策，现就经县级以上人民政府及企业主管部门批准改制的企业，在改制过程中涉及的印花税政策通知如下：

实行公司制改造的企业在改制过程中成立的新企业（重新办理法人登记的），其新启用的资金账簿记载的资金或因企业建立资本纽带关系而增加的资金，凡原已贴花的部分可不再贴花，未贴花的部分和以后新增加的资金按规定贴花。公司制改造包括国有企业依《公司法》整体改造成国有独资有限责任公司；企业通过增资扩股或者转让部分产权，实现他人对企业的参股，将企业改造成有限责任公司或股份有限公司；企业以其部分财产和相应债务与他人组建新公司；企业将债务留在原企业，而以其优质财产与他人组建的新公司。

以合并或分立方式成立的新企业，其新启用的资金账簿记载的资金，凡原已贴花的部分可不再贴花，未贴花的部分和以后新增加的资金按规定贴花。合并包括吸收合并和新设合并。分立包括存续分立和新设分立。

执行该文件的重要前提是，满足"经县级以上人民政府及企业主管部门批准改制的企业"这个条件，才可以享受相应的税收优惠政策。

五、企业所得税

企业分立是企业重组的形式之一，根据《财政部、国家税务总局关于企业重组业务企业所得税处理若干问题的通知》（财税〔2009〕59号）规定，合并双方涉及的企业所得税处理，按照不同的情形，分别适用一般性税务处理和特殊性税务处理。具体见本章

第三节和第四节。

六、个人所得税

关于个人股东在分立中的个人所得税处理，按照公司法规定，企业分立中办理的是减资手续，即股东在原公司的一部分股份要分割到新设分立企业中去，企业所得税政策明确规定是按分配处理，但个人所得税政策未有明确规定，如果与企业所得税处理保持一致按分配处理的话，个人股东需要全额缴纳个人所得税。征税后，新公司个人股本为一项新的投资成本，可以在下次转让时全部作为投资成本扣除，且原被分立公司的投资成本金额保持不变。如果按分立资产比例作为部分减资处理的话，股东获得新公司股份的公允价值则可以扣除减资部分的成本，按财产转让所得缴纳个人所得税。同时，原公司仍保留部分投资成本。这种处理方式，实际上是股东将原公司的部分股份置换成了新公司的股份，个人所得税政策中确认是一种股权置换的个人非货币性资产投资行为，个人股东可以选择递延五年纳税。

《财政部、国家税务总局关于个人非货币性资产投资有关个人所得税政策的通知》（财税〔2015〕41号）规定，本通知所称非货币性资产，是指现金、银行存款等货币性资产以外的资产，包括股权、不动产、技术发明成果以及其他形式的非货币性资产。本通知所称非货币性资产投资，包括以非货币性资产出资设立新的企业，以及以非货币性资产出资参与企业增资扩股、定向增发股票、股权置换、重组改制等投资行为。

该文件规定，个人以非货币性资产投资，属于个人转让非货币性资产和投资同时发生。对个人转让非货币性资产的所得，应按照"财产转让所得"项目，依法计算缴纳个人所得税。个人以非货币性资产投资，应按评估后的公允价值确认非货币性资产转让收入。非货币性资产转让收入减除该资产原值及合理税费后的余额为应纳税所得额。个人以非货币性资产投资，应于非货币性资产转让、取得被投资企业股权时，确认非货币性资产转让收入的实现。

该通知同时规定，个人应在发生上述应税行为的次月15日内向主管税务机关申报纳税。纳税人一次性缴税有困难的，可合理确定分期缴纳计划并报主管税务机关备案后，自发生上述应税行为之日起不超过5个公历年度内（含）分期缴纳个人所得税。个人以非货币性资产投资交易过程中取得现金补价的，现金部分应优先用于缴税；现金不足以缴纳的部分，可分期缴纳。个人在分期缴税期间转让其持有的上述全部或部分股权，并取得现金收入的，该现金收入应优先用于缴纳尚未缴清的税款。

第三节　企业分立的一般性税务处理

一、一般性税务处理

企业分立的企业所得税一般性税务处理，主要是考虑到从被分立企业分离出的资产已发生所有权属上的转移，要按视同销售进行处理，接收资产的新设立的分立企业可以按公允价值作为接收资产的计税基础。同时，被分立企业减资的处理，企业股东要按获得分配进行税务处理，而不是按减资处理。

《财政部、国家税务总局关于企业重组业务企业所得税处理若干问题的通知》（财税〔2009〕59号）第四条规定，企业分立重组，除符合本通知规定适用特殊性税务处理规定的外，当事各方应按下列规定处理：

（1）被分立企业对分立出去资产应按公允价值确认资产转让所得或损失。

（2）分立企业应按公允价值确认接受资产的计税基础。

（3）被分立企业继续存在时，其股东取得的对价应视同被分立企业分配进行处理。

（4）被分立企业不再继续存在时，被分立企业及其股东都应按清算进行所得税处理。

（5）企业分立相关企业的亏损不得相互结转弥补。

政策分析：

（1）分出资产按视同销售处理，确认销售转让所得或损失。所以，接收资产方按公允价值作为税收成本，体现不重复纳税的原则。

（2）存续分立中，原股东虽收回部分投资进行了再投资，但税收上按分配处理。如果超过实际可供应分配的税后留存的，按收回投资处理。如超过了投资成本的，按股权转让所得处理。

（3）新设分立，原公司被解散分为两个或两个以上公司的，企业所得税按清算处理，企业清算后股东再清算。注销企业清算有所得的，自行按规定弥补亏损，弥补不完的也不能转移到其他企业包括分立后新设的企业弥补。

【举例1】某A有限责任公司由5个投资者（均为法人股东）共同投资创立，注册资本1 000万元，每个股东出资200万元，各占公司20%的股份。A公司由经营商场的总部（N）和一个软件分公司（B）组成。A公司有关资产和负债情况如下（假设资产的账面价值与计税基础相等）：

总部N的资产负债表（单位：万元）

资产	账面价值	评估价值	负债和权益	
存货	400	500	应付账款	200
固定资产	600	700	银行借款	600
无形资产	400	600	实收资本	1 000
分公司资产	600	1 100	留存收益	200
资产合计	2 000	2 900	负债与权益合计	2 000

其中，分公司资产为对B分部的投资，分公司的资产为：存货50万元，固定资产100万元，无形资产450万元，评估价值（公允价值）为1 100万元。

为有利于分业管理，A公司决定将B软件分公司分拆出去，并以此软件业务为基础，组织新的公司。假设B软件公司资产折换成新成立公司的股票1 000股。A公司将取得的新的股份公司的股票按比例分配给A公司的原五位企业股东，每位股东各取得200股。

A公司和B公司根据企业所得税政策规定，如选择按一般性税务处理，处理如下：

（1）被分立企业对分立出去的资产应按公允价值确认资产转让所得或损失。被分立企业A对分立出去的资产，应按公允价值1 100万元确定转让收入，减除计税基础600万元，确认转让所得500万元，计入当期应纳税所得额。

（2）分立企业应按公允价值确认接受资产的计税基础。分立企业B接受的全部投资资产，无论会计上如何处理，其计税基础可以按公允价值1 100万元确定。

（3）被分立企业继续存在时，其股东取得的对价应视同被分立企业分配进行处理。被分立企业A继续存在，因此，五位股东取得1 000股票实际对价合计金额1 100万元，应视同A公司的分配处理。

需要强调的是，按照企业所得税政策规定，分立企业的股票分配给被分立企业的股东，在被分立企业的累计未分配利润和盈余公积范围内部分，视为股息分配。超过累计未分配利润和盈余公积的部分，等于投资成本的部分视为投资成本的回收。超过投资成本的部分，视为股权转让所得。

本例中，分配金额为1 100万元，股息部分为200万元，法人股东视为免税收入；其余900万元视为投资成本的收回，每位股东收回180万元，不征税。但其在A公司的投资计税基础总额减少至100万元（1 000-900），每位股东各为20万元。同时，五位股东在新分立企业股权投资的计税基础为1 100万元，每位股东为220万元。五位股东在两家公司的投资成本由1 000万元增至1 200万元，增加的200万元为留存收益分配后的再投资。

（4）被分立企业不再继续存在时，被分立企业及其股东都应按清算进行所得税处理。本例被投资企业继续存在，不按清算处理。假如是新设分立，A公司解散，则按清算处理，其资产公允价值2 900万元与账面价值（计税基础）2 000万元的差额应确认为清算所得；按规定缴纳企业所得税后，股东均按清算分配收回股权再投资处理。

（5）企业分立相关企业的亏损不得相互结转弥补。如被分立企业A有以前年度尚未弥补的亏损，不能结转至新公司B弥补。同样，新公司以后的亏损，也不能结转至A公司。

【举例2】某总公司P由两位法人股东投资成立，实收资本500万元，股东甲、乙分别出资400万元和100万元，持股比例分别为80%和20%。P公司由总部A和分公司B组成。A净资产（不含分公司B净资产，下同）为1 000万元，评估价1 200万元；B净资产为400万元，评估价600万元。总公司决定实施企业分立重组，将B分出去，组成新公司，两位股东各持股比例还是80%和20%，则企业所得税一般性税务处理为：

（1）P公司确认分立出的资产转让所得200万元（600-400）。

（2）新设分立企业B公司接收资产按600万元作为计税成本。

（3）P公司原两位法人股东获得新公司股权视为股利分配所得，按规定征免税。按照企业所得税政策规定，新设分立企业的股份分配给被分立企业的股东，在被分立企业的累计未分配利润和盈余公积范围内部分，视为股息分配。超过累计未分配利润和盈余公积的部分，等于投资成本的部分视为投资成本的回收。剩余超过投资成本的部分，视为股权转让所得。

（4）如果P公司存在可以弥补的亏损，由P公司按规定自行弥补亏损，P公司的其他企业所得税纳税事项与新设B公司无关。

二、一般性税务处理报备管理

企业分立重组的一般性税务处理征收管理中，分立企业和被分立企业应加强相关税收管理，规避涉税风险，企业应依据国家税收政策及当地税务机关的要求，积极与主管税务机关沟通、咨询，了解具体纳税申报、资料报送和资料留存备查事项，履行纳税人的相关义务。

《国家税务总局关于企业重组业务企业所得税征收管理若干问题的公告》（国家税务总局公告2015年第48号）规定，分立中当事各方，指分立企业、被分立企业及被分立企业股东。分立中被分立企业股东，可以是自然人。重组当事各方企业适用特殊性税务处理的（指重组业务符合财税〔2009〕59号文件和财税〔2014〕109号文件第一条、第二条规定条件并选择特殊性税务处理的，下同），应按如下规定确定重组主导方：分立，主导方为被分立企业。重组业务完成当年，是指重组日所属的企业所得税纳税年度。企业重组日的确定，按以下规定处理：分立，以分立合同（协议）生效、当事各方已进行会计处理且完成工商新设登记或变更登记日为重组日。

《企业重组业务企业所得税管理办法》（国家税务总局公告2010年第4号）第十四条规定，企业发生一般性税务处理的分立，被分立企业不再继续存在，应按照财税〔2009〕60号文件规定进行清算。被分立企业在报送《企业清算所得纳税申报表》时，应附送以下资料：

（一）企业分立的工商部门或其他政府部门的批准文件；

（二）被分立企业全部资产的计税基础以及评估机构出具的资产评估报告；

（三）企业债务处理或归属情况说明；

（四）主管税务机关要求提供的其他资料证明。

企业分立，分立企业涉及享受《企业所得税法》第五十七条规定中就企业整体（即全部生产经营所得）享受的税收优惠过渡政策尚未期满的，仅就存续企业未享受完的税收优惠，按照财税〔2009〕59号第九条的规定执行。即在企业存续分立中，分立后的存续企业性质及适用税收优惠的条件未发生改变的，可以继续享受分立前该企业剩余期限的税收优惠，其优惠金额按该企业分立前一年的应纳税所得额（亏损计为零）乘以分立后存续企业资产占分立前该企业全部资产的比例计算。注销的被分立企业未享受完的税收优惠，不再由存续企业承继；分立而新设的企业不得再承继或重新享受上述优惠。分立各方企业按照《中华人民共和国企业所得税法》的税收优惠规定和税收优惠过渡政策中就企业有关生产经营项目的所得享受的税收优惠承继问题，按照《中华人民共和国企业所得税法实施条例》第八十九条规定执行。

《中华人民共和国企业所得税法实施条例》第八十九条规定，

依照本条例第八十七条和第八十八条规定享受减免税优惠的项目，在减免税期限内转让的，受让方自受让之日起，可以在剩余期限内享受规定的减免税优惠；减免税期限届满后转让的，受让方不得就该项目重复享受减免税优惠。

注：第八十七条规定，企业所得税法第二十七条第（二）项所称国家重点扶持的公共基础设施项目，是指《公共基础设施项目企业所得税优惠目录》规定的港口码头、机场、铁路、公路、城市公共交通、电力、水利等项目。企业从事前款规定的国家重点扶持的公共基础设施项目的投资经营的所得，自项目取得第一笔生产经营收入所属纳税年度起，第一年至第三年免征企业所得税，第四年至第六年减半征收企业所得税。企业承包经营、承包建设和内部自建自用本条规定的项目，不得享受本条规定的企业所得税优惠。

第八十八条规定，企业所得税法第二十七条第（三）项所称符合条件的环境保护、节能节水项目，包括公共污水处理、公共垃圾处理、沼气综合开发利用、节能减排技术改造、海水淡化等。项目的具体条件和范围由国务院财政、税务主管部门商国务院有关部门制订，报国务院批准后公布施行。企业从事前款规定的符合条件的环境保护、节能节水项目的所得，自项目取得第一笔生产经营收入所属纳税年度起，第一年至第三年免征企业所得税，第四年至第六年减半征收企业所得税。

第四节　企业分立的特殊性税务处理

企业分立的特殊性税务处理其实质就是分立出去的资产不视同销售，不确认公允价值与计税基础之间的差额所得或损失，被分立企业股东取得股权亦不按清算分配处理。同时，分立企业接受资产的计税基础还是按被分立企业原资产计税基础确定，其他企业所得税事项，也可按规定延续结转。

一、特殊性税务处理

（一）股权支付不纳税

重组中的股权支付是指获得对价方取得的不是货币性资产，而是权益性资产即支付方的股份或其控股的股份支付。《财政部、国家税务总局关于企业重组业务企业所得税处理若干问题的通知》（财税〔2009〕59号）第五条规定，企业重组同时符合下列条件的，适用特殊性税务处理规定：

（1）具有合理的商业目的，且不以减少、免除或者推迟缴纳税款为主要目的。

（2）被收购、合并或分立部分的资产或股权比例符合本通知规定的比例。

（3）企业重组后的连续12个月内不改变重组资产原来的实质性经营活动。

（4）重组交易对价中涉及股权支付金额符合本通知规定比例。

（5）企业重组中取得股权支付的原主要股东，在重组后连续12个月内，不得转让所取得的股权。

适用上述第（3）项和第（5）项的当事各方应在完成重组业务后的下一年度的企业所得税年度申报时，向主管税务机关提交书面情况说明，以证明企业在重组后的连续12个月内，有关符合特殊性税务处理的条件未发生改变。

企业分立重组符合上述五项规定条件的，交易各方对其交易中的股权支付部分，可以按以下规定进行特殊性税务处理：被分立企业所有股东按原持股比例取得分立企业的股权，分立企业和被分立企业均不改变原来的实质经营活动，且被分立企业股东在该企业分立发生时取得的股权支付金额不低于其交易支付总额的85%，可以选择按以下规定处理：

（1）分立企业接受被分立企业资产和负债的计税基础，以被分立企业的原有计税基础确定。

（2）被分立企业已分立出去资产相应的所得税事项由分立企业承继。

（3）被分立企业未超过法定弥补期限的亏损额可按分立资产占全部资产的比例进行分配，由分立企业继续弥补。

（4）被分立企业的股东取得分立企业的股权（以下简称"新股"），如需部分或全部放弃原持有的被分立企业的股权（以下简称"旧股"），"新股"的计税基础应以放弃"旧股"的计税基础确定。如不需放弃"旧股"，则其取得"新股"的计税基础可从以下两种方法中选择确定：直接将"新股"的计税基础确定为零；或者以被分立企业分立出去的净资产占被分立企业全部净资产的比例先调减原持有的"旧股"的计税基础，再将调减的计税基础平均分配到"新股"上。

按照上述规定，企业分立的特殊性税务处理，要求必须符合被分立企业所有股东按原持股比例取得分立企业的股权，所以，让产赎股式分立和其他分立方式中的不按原持股比例分配分立企业股权的，均不得按特殊性税务处理。

上述已分立资产相应的所得税事项由分立企业承继，这些事项包括尚未确认的资产损失、分期确认收入的处理以及尚未享受期满的税收优惠政策承继处理问题等。其中，对税收优惠政策承继处理问题，凡属于依照《中华人民共和国企业所得税法》第五十七条规定中就企业整体（即全部生产经营所得）享受税收优惠过渡政策的，分立后的企业性质及适用税收优惠条件未发生改变的，可以继续享受分立前被分立企业剩余期限的税收优惠。分立前被分立企业按照《中华人民共和国企业所得税法》的税收优惠规定以及税收优惠过渡政策中就有关生产经营项目所得享受的税收优惠承继处理问题，按照《中华人民共和国企业所得税法实施条例》第八十九条规定执行。

政策分析：

（1）因被分立企业分离出去的资产不视同销售处理，所以，其资产的计税基础延续到新设的分立企业中。

（2）分立出去的资产构成一项业务的，如分公司分立出去，分公司相应的企业所得税事项也一同由新公司承继。

（3）特殊性税务处理中，如被分立企业存在可弥补亏损，其亏损额也可以按分立资产比例划分给新设公司按规定弥补。当然，可弥补的亏损是在税法规定可以弥补的年度限期之内的，亏损按年限划分分配，超过可以弥补亏损年限的，不可以弥补。新设分立企业分得的亏损也要按年限划分，超过规定期限的亏损也不得弥补。

（4）被分立企业分立作减资处理，股东的股权投资计税成本也可作相应的划分。有两种方法可供选择：一是不做划分，原公司股本计税成本保持不变，股东在新公司的投资成本按0计算，今后转让新公司股份时，全部收入没有对应的税收成本。二是按分立净资产的比例划分原公司的投资成本。该投资比例是按账面价值计算还是按公允价值计算，税收政策没有明确规定，按照公司法规定，新设公司如果以非货币性资产出资时需要做资产价值评估，且账面价值在资产重组中一般也不具有可比性，因此，以净资产的公允价值计算划分比例更为合理。

【举例1】某A有限责任公司由5个投资者（均为法人股东）共同投资创立，注册资本1 000万元，每个股东出资200万元，各占公司20%的股份。A公司由经营商场的总部（N）和一个软件分公司（B）组成。A公司有关资产和负债情况如下（假设资产的账面价值与计税基础相等）：

总部N的资产负债表（单位：万元）

资产	账面价值	评估价值	负债和权益	
存货	400	500	应付账款	200
固定资产	600	700	银行借款	600
无形资产	400	600	实收资本	1 000
分公司资产	600	1 100	留存收益	200
资产合计	2 000	2 900	负债与权益合计	2 000

其中，分公司投资资产为对B分部的投资，分公司的资产为：存货50万元，固定资产100万元，无形资产450万元，合计600万元。评估价值（公允价值）为1 100万元。

为有利于分业管理，A公司决定将B软件分公司分拆出去，并以此软件业务为基础，组织新的公司。假设B软件公司资产折换成新成立公司的股票1 000股。A公司将取得的新的股份公司的股票按比例分配给A公司的原五位企业股东，每位股东各取得200股。

A公司和B公司根据企业所得税政策规定，如选择按特殊性税务处理，处理如下：

税收分析：A公司分立后，原五位法人股东均按原持股比例取得分立企业的股权，被分立企业股东取得的股权支付金额不低于其交易支付总额的85%。假如其他条件也符合特殊性税务处理规定，则原股东取得分立企业200股不视为分配，被分立企业分立出去的资产也不必按视同转让处理，不需在当期确认转让所得500万元

（1 100-600）。A、B公司及其股东可以选择按以下规定处理：

（1）分立企业接受被分立企业资产和负债的计税基础，以被分立企业的原有计税基础确定。即分立企业B接受被分立企业A资产和负债，无论会计上如何处理，是以原计税基础600万元确定。

（2）被分立企业已分立出去资产相应的所得税事项由分立企业承继。被分立企业A已分立出去的B分公司的资产相应的所得税事项由分立企业承继，这些事项包括尚未确认的资产损失、分期确认收入的处理以及尚未享受期满的税收优惠政策承继处理等。

（3）被分立企业A未超过法定弥补期限的亏损额可按分立资产占全部资产的比例进行分配，由分立企业继续弥补。假如被分立企业A存在税法规定允许弥补的亏损，则分立企业B公司可以按以下比例分配结转：1 100÷（2 900-800）×100%（按公允价值比例计算）或600÷（2 000-800）×100%（按账面价值比例计算）。

（4）被分立企业的五位股东取得分立企业的股权（以下简称"新股"），如需部分或全部放弃原持有的被分立企业的股权（以下简称"旧股"），"新股"的计税基础应以放弃"旧股"的计税基础确定。如不需放弃"旧股"，则其取得"新股"的计税基础可从以下两种方法中选择确定：直接将"新股"的计税基础确定为零；或者以被分立企业分立出去的净资产占被分立企业全部净资产的比例先调减原持有的"旧股"的计税基础，再将调减的计税基础平均分配到"新股"上。

即，原A公司股东股本的计税成本为1 000万元，如愿意全部放弃A公司"旧股"的，"旧股"的计税成本为0，分立企业B公司"新股"的计税成本为1 000万元；如放弃一半，则"旧股"和"新股"的计税成本均为500万元。如原股东不需放弃P公司"旧股"，则其取得分立企业B公司"新股"的计税基础按以下处理：

其一，将1 000股分立企业股票的总计税成本确定为0。被分立企业五位股东原持有的被分立企业A公司股份的成本还是200万元。每位股东新取得的分立企业股票的计税成本为0。

其二，以被分立企业A公司分立出去的净资产占被分立企业全部净资产的比例调整减低原持有的"旧股"的成本，再将调整减低的成本平均分配到B公司的"新股"上。

新股的总计税成本=被分立企业股东持有旧股的总成本×被分立出去的净资产（公允价值）÷被分立企业全部净资产（公允价值）=1 000×1 100÷（2 900-800）=523.8（万元）

被分立企业的股东取得的1000股新股的总计税成本约为525万元，每位股东取得200股新股的计税成本为105万元。而原股东持有的被分立企业A公司各20%的股份的计税成本由原来的200万元调减为95万元，每位股东在两家公司合计持股计税成本还是200万元，总计税成本仍为1 000万元。今后，股东在转让或处置A、B公司股权计算所得时，均以上述计税成本为扣除成本。

需要注意的是，如果新公司的股份不是按原持股比例分配给被分立企业股东的，税务机关将不认可选择特殊性税务处理，而是将视为被分立企业对原股东的分配。

【举例2】某总公司P由两位法人股东投资成立，实收资本500万元，股东甲、乙分别出资400万元和100万元，持股比例分别为80%和20%。P公司由总部A和分公司B组成。A净资产（不含分公司B净资产，下同）为1 000万元，评估价1 200万元。B净资产为400万元，评估价600万元。总公司决定实施企业分立重组，将B分出去，组成新公司，两位股东各持股比例还是80%和20%，则企业所得税特殊性税务处理为：

（1）P公司不确认分立出的资产转让所得。

（2）新设分立企业B公司接收资产按400万元作为计税成本。

（3）P公司原两位法人股东获得新公司股权不视为股利分配，按分出资产公允价值比例重新分配计税成本。P公司总净资产评估公允价为1 800万元，分出资产净资产公允价为600万元，分配比例为三分之一，两位股东在P公司的投资成本确定为333.33万元（500×2/3），在B公司的投资成本为166.67万元（500×1/3），各股东持股成本再分别按原持股比例80%和20%划分。

（4）如果P公司存在可以弥补的亏损，可以分配三分之一符合规定时间的亏损给B公司按规定时间弥补。

（5）B分公司原来的其他企业所得税纳税事项由新设B公司承继。

（二）非股权支付纳税

企业分立特殊性税务处理中，如存在部分非股权支付（如全部对价支付的15%之内）给股东，该非股权支付部分仍要视同销售计算相应的资产转让所得或损失，股东要视为分配处理。

《财政部、国家税务总局关于企业重组业务企业所得税处理若干问题的通知》（财税〔2009〕59号）第六条第（六）项规定，重组交易各方按规定对交易中股权支付暂不确认有关资产的转让所得或损失的，其非股权支付仍应在交易当期确认相应的资产转让所得或损失，并调整相应资产的计税基础。其计算公式为：

非股权支付对应的资产转让所得或损失 =（被转让资产的公允价值 – 被转让资产的计税基础）×（非股权支付金额÷被转让资产的公允价值）

关于企业分立中非股权支付部分如何征税的计算，目前实务中有不同的理解：

一是非股权支付的收入方是被分立企业的股东，所以应计算股东的非股权支付分配所得。按照企业分立的定义及实际实务分析，支付方应该理解为被分立企业，被分立企业在分立时一般是将本企业的部分业务及相关的净资产转移出去给新设的分立企业，其中包含货币性资产，但不会有非股权支付给股东。如果确实有这种非股权支付给本公司股东，那无疑是一种分配行为，也可以理解为企业分立之前或分立之后的一种与分立重组无关的分配行为，按股息红利分配征免税即可。换言之，这种对股东的非股权支付不与新设分立企业相关，所以不涉及分立企业资产计税基础的调整。

二是非股权支付要求的是计算资产转让所得或损失，所以要计算被分立企业分离出去资产的转让所得，并调整分立企业资产的计税基础。企业分立重组中，被分立企业分出部分业务的资产，实质是净资产，其中也包含货币性资产。被分立企业的资产所有权发生转移，按现行企业所得税政策规定，如无特殊规定，要按视同销售处理。如前所述，与股权支付相关的资产不视同销售计税基础平移延续，与非股权支付对应部分的资产要视同销售处理确认所得或损失。但无论是股权支付还是非股权支付获得对价的是被分立企业的股东而不是被分立企业，这与资产收购和股权收购明显不同，资产收购和股权收购重组中获得对价的是转让方本身，本身获得对价才可以直接计算非股权支付的所得或损失。因此，非股权支付也不应计算被分立企业的资产转让所得或损失。

另外，从新设分立企业角度分析，新设分立企业应该接受被分立企业划分的部分业务相关的净资产，如果是新设分立企业支付非股权支付额给股东，那也是新公司的一种分配行为，与非股权支付确认相关资产所得或损失并无关系。同时，新设分立企业也不可能支付对价给被分立企业。

三是被分立企业和被分立企业的股东都要计算资产转让所得和

股权分配所得。综上分析所述，除非是税收政策非常明确指出要同时计算这两项所得。回到政策原文分析，财税〔2009〕59号第六条第（六）项规定，重组交易各方按本条（一）至（五）项（注：分别是债务重组、股权收购、资产收购、企业合并、企业分立）规定对交易中股权支付暂不确认有关资产的转让所得或损失的，其非股权支付仍应在交易当期确认相应的资产转让所得或损失，并调整相应资产的计税基础。非股权支付对应的资产转让所得或损失＝（被转让资产的公允价值 – 被转让资产的计税基础）×（非股权支付金额÷被转让资产的公允价值）。从中分析，该项规定仅针对获得非股权支付方来计算所得或损失，也就是股东方，所以，仅计算股东方的非股权支付所得并无问题。

二、特殊性税务处理管理

企业分立重组，符合企业所得税政策规定特殊性重组条件并选择特殊性税务处理的，当事各方应在该重组业务完成当年企业所得税年度申报时，向主管税务机关提交书面备案资料，证明其符合各类特殊性重组规定的条件。企业未按规定书面备案的，一律不得按特殊重组业务进行税务处理。

国家税务总局关于发布《企业重组业务企业所得税管理办法》（国家税务总局公告2010年第4号）的公告规定，企业重组业务，符合税法规定条件并选择特殊性税务处理的，应按照规定进行备案；如企业重组各方需要税务机关确认，可以选择由重组主导方（被分立的企业）向主管税务机关提出申请，层报省税务机关给予确认。采取申请确认的，主导方和其他当事方不在同一省（自治区、市）的，主导方省税务机关应将确认文件抄送其他当事方所在地省税务机关。省税务机关在收到确认申请时，原则上应在当年度企业所得税汇算清缴前完成确认。特殊情况，需要延长的，应将延长理由告知主导方。

《国家税务总局关于企业重组业务企业所得税征收管理若干问题的公告》（国家税务总局公告2015年第48号）规定，企业重组业务适用特殊性税务处理的，除财税〔2009〕59号文件第四条第（一）项所称企业发生其他法律形式简单改变情形外，重组各方应在该重组业务完成当年，办理企业所得税年度申报时，分别向各自主管税务机关报送《企业重组所得税特殊性税务处理报告表及附表》（略）和申报资料（略）。合并、分立中重组一方涉及注销的，应在尚未办理注销税务登记手续前进行申报。重组主导方申报后，其他当事方向其主管税务机关办理纳税申报。申报时还应附送重组主导方经主管税务机关受理的《企业重组所得税特殊性税务处理报告表及附表》（复印件）。

企业重组业务适用特殊性税务处理的，申报时，应从以下方面逐条说明企业重组具有合理的商业目的：（1）重组交易的方式；（2）重组交易的实质结果；（3）重组各方涉及的税务状况变化；（4）重组各方涉及的财务状况变化；（5）非居民企业参与重组活动的情况。

企业重组业务适用特殊性税务处理的，申报时，当事各方还应向主管税务机关提交重组前连续12个月内有无与该重组相关的其他股权、资产交易情况的说明，并说明这些交易与该重组是否构成分步交易，是否作为一项企业重组业务进行处理。若同一项重组业务涉及在连续12个月内分步交易，且跨两个纳税年度，当事各方在首个纳税年度交易完成时预计整个交易符合特殊性税务处理条件，经协商一致选择特殊性税务处理的，可以暂时适用特殊性税务处理，并在当年企业所得税年度申报时提交书面申报资料。在下一纳税年度全部交易完成后，企业应判断是否适用特殊性税务处理。如适用特殊性税务处理的，当事各方应按本公告要求申报相关资料；如适用一般性税务处理的，应调整相应纳税年度的企业所得税年度申报表，计算缴纳企业所得税。

适用特殊性税务处理的企业，在以后年度转让或处置重组资产（股权）时，应在年度纳税申报时对资产（股权）转让所得或损失情况进行专项说明，包括特殊性税务处理时确定的重组资产（股权）计税基础与转让或处置时的计税基础的比对情况，以及递延所得税负债的处理情况等。适用特殊性税务处理的企业，在以后年度转让或处置重组资产（股权）时，主管税务机关应加强评估和检查，将企业特殊性税务处理时确定的重组资产（股权）计税基础与转让或处置时的计税基础及相关的年度纳税申报表比对，发现问题的，应依法进行调整。

上述企业选择特殊性税务处理涉及需要税务机关备案、审核、确认的事先管理事项，已经全部被国务院取消，《国务院关于第一批取消62项中央指定地方实施行政审批事项的决定》（国发〔2015〕57号）文件规定取消的第34项即"企业符合特殊性税务处理规定条件的业务的核准"。随后，国家税务总局下发关于贯彻落实《国务院关于第一批取消62项中央指定地方实施行政审批事项的决定》（税总发〔2015〕141号）的通知文件，要求各级地方税务机关必须认真贯彻执行国务院决定，全面落实取消中央指定地方税务机关实施的行政审批事项，不得以任何形式保留或者变相审批。要及时修改涉及取消中央指定地方税务机关实施行政审批事项的相关规定、表证单书和征管流程，明确取消审批事项后续管理要求。同时，要进一步深入推进简政放权、放管结合、优化服务，加快职能转变，创新管理方式，不断提高税收管理科学化、规范化、法治化水平。因此，审核事项取消后，企业分立选择特殊性税务处理的，需要积极与当地税务机关沟通，按照税务机关要求，保存好上述相关资料，留存备查。

第五节　企业分立的税收规划分析

一、企业分立享受税收优惠

当分支机构符合享受税收优惠政策条件时，可以考虑分立为独立纳税企业，独立纳税。当分支机构所在地存在地区税收优惠或当地政府制定相关纳税奖励后财政返还之类的优惠政策时，也可以将分支机构分立出去，独立享受纳税相关的优惠政策。

如《企业所得税法》规定，高新技术企业可以享受15%税率政策，但高新技术企业需要符合一定的条件。《中华人民共和国企业所得税法实施条例》规定，国家需要重点扶持的高新技术企业，是指拥有核心自主知识产权，并同时符合下列条件的企业：（一）产品（服务）属于《国家重点支持的高新技术领域》规定的范围；（二）研究开发费用占销售收入的比例不低于规定比例；（三）高新技术产品（服务）收入占企业总收入的比例不低于规定比例；（四）科技人员占企业职工总数的比例不低于规定比例；（五）高新技术企业认定管理办法规定的其他条件。如果企业规模大，人员多，则很难符合第（二）（三）（四）条的条件，但企业将生产后提供高新产品和服务的部门分立出去，则分立企业就容易满足这些条件，从而可以享受相关税收优惠。

二、股东获得分立企业股权暂不纳税

居民企业权益性投资产生的税收利润分配，属于免税收入。但非居民企业股东和个人股东权益性投资后产生的投资收益，不是免税收入，非居民企业需要缴纳10%的预提所得税，居民个人股东需要缴纳20%的个人所得税。

被分立企业将部分营业机构资产分立，将分立企业股份分配给股东，如符合并选择特殊性税务处理，对于非居民企业来说，税收上不视为分配行为，无需缴纳预提所得税。对个人投资者来说，分立发生的股权置换行为，视为一项非货币性资产投资，对这种投资行为可按《财政部、国家税务总局关于个人非货币性资产投资有关个人所得税政策的通知》（财税〔2015〕41号）规定，递延5年纳税。

三、先分立再转让新股权转移资产

企业如果将自己的土地使用权和房产等不动产直接转让给购买方企业，按现行税收政策规定，需要缴纳增值税、企业所得税、土地增值税等主要税种，购买方要按不动产的成交价格缴纳契税和印花税。特别是金额大且增值也大的资产直接交易，交易双方会产生大量的税收成本。从规划减少税收成本的角度考虑，交易双方可以采取分步走的方式转移目标资产，即先将目标资产分立出去成立一个新公司，目标资产装入新分立公司不征收增值税、企业所得税和土地增值税（房地产企业不享受土地增值税不征税政策），新公司也不缴纳契税。然后，股东再将新公司的股权转让给购买方。购买方控制新公司后，即相当于取得了目标资产。后一个股权转让环节仅涉及企业所得税和印花税，规避了增值税、土地增值税和契税。

如武汉某地产开发有限公司分立公告称：2020年7月6日，武汉某地产开发有限公司公告显示，根据武汉某地产开发有限公司2020年7月6日股东会决定，武汉某地产开发有限公司（注册资本为9 850

万元人民币，下称"公司"）拟以存续分立的方式分立为武汉某地产开发有限公司（下称"存续公司"）和武汉某商业有限公司（下称"新设公司"）。分立后存续公司注册资本为8 850万元人民币，新设公司注册资本为1 000万元人民币。

分立后，公司现有的W2地块广场在建工程建设业务，以及与广场业务相关的资产、债权债务和人员皆由新设公司——武汉某商业有限公司承继；公司名下广场建设业务以外的其他业务，以及与该等业务相关的资产、债权债务和人员由存续公司——武汉某地产开发有限公司承继。公司分立完成之前的债务，由新设公司及存续公司向相关债权人承担连带责任。

分析上述公告，分立完成后，公司一分为二，全部资产也相应分离。新老公司在充分享受分立的各税种税收优惠政策后，可以通过股权转让方式让出一家公司的股权给收购方，达到转让目标资产少纳税的目的。

四、特殊分立可以分离亏损

按照企业所得税法规定，适用特殊性税务处理的企业分立，被分立企业的符合税法规定的亏损限额，可以按照分出资产金额占被分立企业资产总额的比例结转至分立企业，按规定进行弥补。分出亏损限额的多少，取决于分出资产金额的大小。根据上述规定分析，如果分立企业盈利能力较强，需要多分担亏损时，则多分出资产金额；分立企业盈利能力弱于被分立企业，需要少分担亏损额时，则少分出资产金额。

五、免税分立与应税分立选择

特殊性税务处理分立也叫免税分立，一般性税务处理的分立也叫应税分立。符合免税分立条件的分立，税法也允许企业选择应税方式处理。由于特殊性税务处理分立可以暂时不确认分立资产的所得，因此，对于分立资产有增值时，原则上应选择特殊性税务处理，可以不增加当期的应纳税所得额，少缴企业所得税；同理，对于资产减值资产分立时，选择一般性税务处理，则可以在当期确认减值损失，抵减当期应纳税所得额，少缴纳企业所得税。但对于新设分立企业来说，其所得税利益与被分立企业是不一致的。特殊性税务处理时，只能按被分立企业资产的原计税基础确定，而一般性税务处理的分立资产，则可以按公允价值作为计税基础。

【举例】甲企业将分支机构分立，拟设立高新技术企业乙企业。分立出去资产的账面价400万元（计税基础相同），公允价为600万元。如采取免税分立，则分立资产不确认200万元所得。乙企业接收的资产按400万元作为计税基础，相对于600万元资产的计税基础折旧摊销将多实现利润200万元。因乙企业属于高新技术企业，可以享受税收优惠政策，从而到达200万元在乙企业享受优惠税率的目的。即使乙企业不享受优惠，也起到了递延纳税的作用。

企业享受优惠政策或存在亏损弥补时，应分析选择。如被分立企业存在亏损需要及时弥补时，选择一般性税务处理确认当期的所得，弥补亏损后，分立资产增资部分不再纳税。而分立企业则可以按公允价值作为计税基础，多抵扣企业所得税。

六、免税分立税收优惠可延续

企业所得税法规定，在企业存续分立中，分立后的存续企业性质及适用税收优惠的条件未发生改变的，可以继续享受分立前该企业剩余期限的税收优惠，其优惠金额按该企业分立前一年的应纳税所得额（亏损计为0）乘以分立后存续企业资产占分立前该企业全部资产的比例计算。显然，在被分立企业分立前享受税收优惠时，采取存续分立其优惠政策可以延续，而采取新设分立，被分立企业注销后，其税收优惠不可延续。存续分立中，分立资产的多少，可以影响其享受税收优惠的应纳税所得额。

《国家税务总局关于发布〈企业重组业务企业所得税管理办法〉的公告》（国家税务总局公告2010年第4号）规定，按特殊性税务处理的企业分立，已分立资产相应的所得税事项由分立企业承继，这些事项包括尚未确认的资产损失、分期确认收入的处理以及尚未享受期满的税收优惠政策承继处理问题等。其中，对税收优惠政策承继处理问题，凡属于依照《企业所得税法》规定中就企业整体（即全部生产经营所得）享受税收优惠过渡政策的，分立后的企业性质及适用税收优惠条件未发生改变的，可以继续享受分立前被分立企业剩余期限的税收优惠。分立前被分立企业按照《企业所得税法》的税收优惠规定以及税收优惠过渡政策中就有关生产经营项目所得享受的税收优惠承继处理问题，按照《企业所得税法实施条例》第八十九条规定执行。如果企业分立按一般性税务处理，则被分立企业原来享受的税收优惠，即使分立企业还是符合税收优惠条件，不可延续享受。企业条件许可情况下，尽量选择特殊性税务处理。

七、企业分立增值税进项税及时处理

企业分立后，被分立的资产要转入分立企业，其资产包含的没有抵扣的增值税进项税金一般无法转入新设分立企业，但具有增值税独立纳税主体的分公司分立出去，分公司注销后相应的增值税进项税金可以按规定转入分立企业。因此，在分立前，企业要对这部分进项税额及时处理好，避免进项税额资产的损失。